TDAH
X
RITALINA
Mitos & Verdades

Marcus Deminco

Marcus Deminco

SUMÁRIO

Nota Sobre Esta Edição

Caro leitor, com objetivo de abordar a interminável e polêmica discussão sobre os riscos, o elevado aumento no consumo do remédio no país, e os prováveis efeitos de dependência no uso do medicamento Ritalina (Cloridrato de Metilfenidato) para o tratamento do Transtorno do Déficit de Atenção com Hiperatividade (**TDAH**), este livro foi elaborado de maneira simples e interativa para proporcionar que — após essa breve leitura — você mesmo possa expandir a sua própria opinião em relação aos riscos, os benefícios, as verdades e as mentiras concernentes ao uso do medicamento Ritalina como sendo a substância de primeira escolha para o tratamento do **TDAH**.

Dessa forma, grande parte deste livro foi retirada de capítulos e/ou trechos do meu livro Eu & Meu Amigo DDA — Autobiografia de um Portador do Déficit de Atenção. Principalmente, a íntegra do capítulo no qual replico a minha denúncia acatada pelo Ministério Público Federal (MPF) versando sobre supostas irregularidades praticadas pela Agência

Nacional de Vigilância Sanitária (ANVISA), o Laboratório Novartis (Fabricante da Ritalina) — além da atuação indecorosa dos mais renomados especialistas nacionais em **TDAH**. Em harmonia com o tema aqui proposto, também foi considerado relevante à reprodução integral do capítulo em que respondo algumas das diversas notícias que questionam a existência do **TDAH**, assim como a eficácia da Ritalina. O livro contém ainda uma relação de algumas celebridades que possuem o Transtorno, e encerra com depoimentos emocionantes de pessoas diagnosticadas com **TDAH**.

Sobre o Autor

Marcus Deminco (Salvador-BA. 28/Set/76). Escritor e Psicólogo brasileiro. Doutor Honoris Causa em Transtorno do Déficit de Atenção com Hiperatividade (**TDAH**) *Practitioner* e Tutor de Programação Neurolinguística (PNL); autor de artigos científicos no Portal dos Psicólogos (O maior Site sobre Psicologia em Portugal). Além de ser dono de diversas

frases — textos e pensamentos compartilhados em sites e redes sociais, Deminco é também autor dos Livros:

1. EU & MEU AMIGO DDA – Autobiografia de um Portador do Distúrbio do Déficit de Atenção.

2. RITALINA x **TDAH** — Mitos e Verdades

3. **TDAH** — Transtorno do Déficit de Atenção / Hiperatividade. Verdade ou Invenção?

4. O Segredo de Clarice Lispector. (Portuguese Edition)

5. The Secret of Clarice Lispector (English Edition)

6. El Secreto de Clarice Lispector (Spanish Edition)

7. VERTYGO – O Suicídio de Lukas (Portuguese Edition)

8. VERTYGO – The Suicide of Lukas. (English Edition)

9. Helen Palmer – Uma Sombra de Clarice Lispector (Portuguese Edition)

10. Helen Palmer — A Shadow of Clarice Lispector (English Edition)

11. Transtorno Bipolar — Aspectos Gerais (Portuguese Edition)

12. Bipolar Disorder — General Aspects (English Edition)

13. Programação Neurolinguística – Começando pelo começo (Portuguese Edition)

14. Neuro-Linguistic Programming — Beginning by the Beginning (English Edition)

15. Mensagens para Postar, Curtir & Compartilhar. Vol. 1

16. Mensagens para Postar, Curtir & Compartilhar. Vol. 2

17. Mensagens para Postar, Curtir & Compartilhar. Vol. 3

18. Coleção de textos em E-Cards. Vol. 1

19. Coleção de Textos em E-Cards. Vol. 2

20. Compilação de Textos & Contos Reflexivos (Portuguese Edition)

Prêmios & Homenagens

a) Autor do texto Estafeta Sem Rumo do Prêmio Cecílio Barros Pessoa de Antologia – Academia Cabista de Letras, Artes e Ciências de Arraial do Cabo – RJ.

b) Doutor Honoris Causa em **TDAH** pela *Brazilian Association of Psychosomatic Medicine* em reconhecimento a contribuição científica e relevância social do livro: Eu & Meu Amigo DDA - Autobiografia de um Portador do Distúrbio do Déficit de Atenção.

c) Um dos vencedores do Prêmio: Além da Terra, Além do Céu de poesia contemporânea – Editora Chiado (Portugal).

d) Um dos Selecionados no Concurso Nacional de Novos Poetas — Sarau Brasil 2018 com o Texto "A Atormentação Criadora" — realizado pela Vivara Editora Nacional.

Fale com Marcus Deminco

E-mail: marcusdeminco@gmail.com
Website: http://marcusdeminco.com/
Blog: http://marcusdeminco.blogspot.com.br/
Twitter: https://twitter.com/marcusdeminco
Facebook: https://www.facebook.com/marcus.deminco
Pinterest: https://www.pinterest.com/marcusdeminco/

Instagram: @marcusdeminco
Youtube: https://www.youtube.com/channel/UCRu8yfSoLewjuX6GO6o7Nmw
G+: https://plus.google.com/u/0/114858320913983491464
Tumblr: http://deminco.tumblr.com/
Flickr: https://www.flickr.com/photos/143729713@N06/with/28004881736/
GoodReads: https://www.goodreads.com/author/show/7792932.Marcus_Deminco/
Pensador: https://pensador.uol.com.br/autor/marcus_deminco/

A DENÚNCIA

Ao decurso do primeiro semestre de 2013, após mais de quatro meses sem a distribuição da Ritalina de 10 mg em todo o território nacional, diante do silêncio acumpliciado de todos aqueles que deveriam falar, eu resolvi manifestar toda a minha indignação. Portanto, já que iria me expor, como costumo ser exagerado na desmedida exata, certamente não conseguiria revelar nada somente pela metade. Dessa forma, e em conformidade com as sábias palavras de Johann Goethe: "O homem de bom senso jamais comete uma loucura de pouca importância" — através de um e-mail aberto, disponibilizado na internet — no dia 2 de maio desse mesmo ano, apresentei ao Ministério Público Federal (MPF) uma Denúncia versando sobre supostas irregularidades praticadas pela Agência Nacional de Vigilância Sanitária (ANVISA), o Laboratório Novartis (Fabricante da Ritalina), e a atuação indecorosa de alguns dos mais renomados especialistas nacionais em **TDAH**. Por conseguinte, reproduzo abaixo parte das peças de informação da minha representação.

Prezados (as) Srs. (as). Bom dia!

Chamo-me Marcus Deminco. Sou Escritor, Psicólogo, Prof. de Educação Física, Tutor de Programação Neurolinguística (PNL), Doutor Honoris Causa em **TDAH**, autor do livro **Eu & Meu Amigo DDA — Autobiografia de um Portador do Déficit de Atenção**, tenho Transtorno do Déficit de Atenção com Hiperatividade, e também faço uso da Ritalina (Cloridrato de Metilfenidato). **Será que alguns de vocês já ouviram falar alguma coisa sobre isso?** Eu prefiro presumir que não. Pois, somente dessa maneira, poderei camuflar a minha certeza para não admitir como provável, a coexistência de alguma forma negligente de omissão: nem fantasiada de descaso e/ou malvestida de ignorância. E, muito embora restem ainda alguns cacarecos com um cheiro forte de conivência, eu acredito — apenas para aparentar a simpatia de um idiota passivo — que se ouviram falar, possivelmente não escutaram o que ouviram, ou aprenderam ouvindo de quem não sabia explicar. E quando se aprende algo errado, com a certeza de que conheceu o correto, inevitavelmente, tende-se a cometer inúmeros equívocos, no entanto, sem a menor capacidade para discernir o que está errado, já que desconhece o certo.

O pior, porém, é quando a presunção do pensar que se sabe torna-se maior do que a consciência de enxergar os primitivos erros. Tende-se a cometer cada vez novos erros, em evolutivas e desmedidas proporções. E no momento em que algo de muito grave acontece — como possivelmente esteja acontecendo agora — por não julgarem suas condutas descuradas, instintivamente, sairão procurando quem foram os culpados pelos seus erros. Como bem dizia Nietzsche: *"As convicções são inimigas mais perigosas da verdade do que as mentiras".*

Sempre que sou convidado por algum veículo de comunicação para conceder uma entrevista falando sobre o **TDAH**, acabo me defrontando com algumas indagações perigosas de serem respondidas. Não apenas pelas suas possíveis consequências, mas, principalmente, porque elas deveriam ser respondidas por alguns de vocês. Entretanto, se ninguém até agora falou nada, sobre aquilo que sempre falavam tanto, atrevo-me a falar pela mudez de vocês. Pois, bem como afirmava Luther King: "A covardia coloca a questão: **É Seguro?** O comodismo coloca a questão: **É Popular?** A etiqueta coloca a questão: **É Elegante?** Mas a consciência coloca a questão: **É Correto?** E chega a uma altura em que temos de tomar uma posição que não é segura, não é elegante, não é popular, mas o temos de fazer porque a nossa consciência nos diz que é essa a **Atitude Correta".**

Então, seguindo os brados da minha consciência moral, em respeito ao desrespeito que — tanto a Agência Nacional de Vigilância Sanitária (ANVISA) quanto a Novartis e seus "~~apadrinhados~~ patrocinados" — estão destratando os milhões de brasileiros que possuem o Transtorno do Déficit de Atenção com Hiperatividade (**TDAH**), juntamente com seus familiares, decidi atender aos apelos incontroláveis do meu córtex orbito frontal e escrever-lhes de forma aberta. Assim — além de tentarem elucidar algumas questões que já deveriam ter sido esclarecidas — vocês poderiam aproveitar para definir uma resposta sóbria, entre nenhuma sensata que possa relatar como ocorreu o que nunca houve. Ou talvez — como quem sabe daquilo que não se conhece — possam ainda conseguir explicar o inexplicável.

Admitindo, de antemão, a minha juridicidade totalmente ignorante. Mas, ignorantemente consciente das gravidades dos fatos, solicito respeitosamente ao **Ministério Público Federal (MPF)** que apure o quanto existe de verdade, entre todos esses meus achismos apresentados no texto abaixo. Sobretudo, concernente aos fatos inseridos nos links dos tópicos **2** e **3**:

1. Sobre a falta de Ritalina 10 mg e as contraditórias justificativas.

Enquanto por meio de nota a Novartis afirmava que a falta do medicamento ocorreu em virtude de um "atraso" nas autorizações de importação do **princípio ativo**, uma Bióloga da Novartis me telefonava dizendo que o problema era decorrente do "atraso" na autorização **dos sais**, e por e-mail, um funcionário alegava que o "atraso" teria sido em virtude de uma greve da ANVISA. O "atraso", usado sempre por eles como eufemismo de falta — tanto do remédio quanto do respeito — teve ainda sua culpa atribuída a um incêndio de proporções infimamente devastadoras. E apesar desse fato aparentar-se com o descrédito das precedentes patranhas, era talvez, a única verdade nesse grande trololó.

Embora tenha ficado ligeiramente perplexo por encontrar uma verdade perdida embaixo de tantas mentirolas, o que me deixou ainda mais impressionado foi a personalidade do fogo. Sua chama estava realmente decidida a contrariar a lógica: selecionou, separou, catou e escolheu queimar, somente os comprimidos sólidos com partículas de enchimento das Ritalinas de 10 mg, ao revés das cápsulas revestidas por esferas de sacarose, copolímero de metacrilato de amônio, copolímero de ácido metacrílico etc. das Ritalinas LA. Será que o fogo era independente da razão ou tão dependente da droga assim?

1.1 Depois das mentiras concretas vieram as verdades abstratas.

No dia 16 de Abril de 2013 — em mais uma resposta colada como para as tantas outras reclamações disponíveis no site: *Reclame Aqui*, alguém da Novartis afirmava que a regularização estava **prevista para a última semana de abril**. Apenas quatro dias depois, disponibilizaram um comunicado por meio da internet, apresentando uma nova justificativa que também não justificava nada de novo, deixando óbvio que o atraso não havia sido em virtude de todas as outras mentiras precedentes. O novo comunicado contradizia o que haviam dito: a previsão do reabastecimento do mercado nacional mudou da última semana de abril para até o **final do mês de maio de 2013.**

Em reciprocidade a tamanha falta de respeito, no dia 26 de junho, por intermédio desse mesmo site, demonstrei que muitas vezes falamos brincando apenas como uma maneira gentil de dizer algumas verdades sem ser ofensivo. Entretanto, sabia que essa técnica jamais deveria ser praticada para com aqueles que, nem mesmo brincando são capazes de revelar alguma verdade. E como descaso não combina com nenhuma expressão de gracejo, sem a menor preocupação em ser gentil, e já consciente de que não teria qualquer acesso aquela informação tão enrustida, achei que pelo deboche — ao menos — os ridicularizariam enquanto externava parte da minha indignação. E ao invés da reclamação preferi a indagação trocista:

Prezado (a) Sr. (a) Fulano (a) de Tal.

Se diariamente, durante 9 anos Joãozinho fazia uso de 4 comprimidos do medicamento Ritalina de 10 mg, mas de repente, gozando da autonomia soberana que a inobservância da ANVISA concedeu-lhes, o Laboratório Novartis resolveu simplesmente interromper seu fornecimento por quase 5 meses. Com receio das possíveis reações adversas (inseridas na própria bula do medicamento) Joãozinho decide comprar a Ritalina sem receita, no mercado negro. Assinale abaixo a alternativa correspondente a quem teria cometido o crime mais grave:

a) O Laboratório Novartis

b) A ANVISA

c) Joãozinho

d) Quem vendeu o medicamento que nem havia entrado na história.

e) NRA (Nenhuma das Respostas Acima)

Ainda nesse mesmo dia, sem assinalarem nenhuma das alternativas propostas por mim, obtive como resposta da empresa:

Prezado (a) senhor (a),
Agradecemos o contato e informamos que esta caixa de mensagens é utilizada exclusivamente para atendimento às áreas internas da ANVISA e aos entes do sistema nacional de vigilância sanitária, assim como para o recebimento de alguns e-mails com anexo.
Para maior celeridade e controle:
Em caso de denúncias, reclamações, sugestões ou elogios, favor preencher o formulário eletrônico acessando o link: http://www1.anvisa.gov.br/ouvidoria/cadastroprocedimentointer netact.do?metodo=inicia

- Em caso de informações, dúvidas ou solicitações de vistas e cópias de processos/documentos, favor entrar em contato com a central de atendimento telefônico 0800-6429782;

- Em caso de agendamento de reuniões das empresas com as áreas técnicas, favor acessar o sistema parlatório;

- CORRESPONDÊNCIAS:

ANVISA
SIA Trecho 05 Área Especial 57
CEP: 71.205-050
Brasília - DF
Atenciosamente,
Ouvidoria/ANVISA
Esta é uma mensagem automática. Favor não responder.

Muitas vezes, não sei até onde vai à compreensão de algumas pessoas sobre o **TDAH**, todavia, depois de ler algo tão alienante assim, também não sou capaz de prever até onde possa chegar a ignorância de outras. Era evidente que eu não responderia novamente, o que seria dispensável a redundância de me pedirem o favor daquilo que já me parecia lógico: não responder a uma mensagem automática. Mas, como atenciosamente é utilizada em mensagem para expressar que o remetente dedica toda atenção ao assunto, também não entendi como um e-mail automático poderia ter sido atencioso.

Posteriormente, sem nenhuma justificativa plausível, o laboratório passou a demonstrar querer saber somente a partir daquele fato, tudo aquilo que já deveriam saber muito antes. E de forma retardada com a lógica, começaram a responder algumas reclamações enfatizando uma preocupação tão excessiva quanto alienada: esqueciam até mesmo dos próprios efeitos adversos existentes na bula.

> **(a)** Como em sua mensagem faz referência a "... ter interrompido está me prejudicando muito...", com a finalidade de proporcionar segurança aos consumidores, gostaríamos de receber mais informações a respeito, por isso, caso seja possível, solicitamos que, por favor, nos contate pelo telefone 0800 888 3003, opção 2, (Segunda a Sexta-feira das 8h às 17h) e informe o número do caso 01006206.1.

> **(b)** Como em sua mensagem faz a referência "Meu filho ficou agressivo nas primeiras semanas e agora enfrenta uma

DRÁSTICA REDUÇÃO DO RENDIMENTO ESCOLAR" durante o tratamento com medicamento Novartis, com a finalidade de proporcionar segurança aos consumidores gostaríamos de receber mais informações a respeito, por isso, caso seja possível, solicitamos que, por favor, nos contate pelo telefone 0800 888 3003, opção 2, (segunda a sexta-feira, das 08h às 17h) e informe o número do caso 01003269.

(c) Como em sua mensagem faz a referência "... Sinto-me frustrado em depender de um medicamento..." durante o tratamento com medicamento Novartis, com a finalidade de proporcionar segurança aos consumidores gostaríamos de receber mais informações a respeito, por isso, caso seja possível, solicitamos que, por favor, nos contate pelo telefone 0800 888 3003, opção 2, (segunda a sexta-feira, das 08h às 17h) e informe o número do caso 01000457.

Dessa forma, fiquei absorto entre as mais variadas dúvidas: Será que eram atendentes em período inicial de treinamento que respondiam os e-mails, estávamos falando a respeito do mesmo medicamento, ou eles nunca haviam lido a bula do remédio anteriormente? E quanto à falta da Ritalina de 10 mg:

a) Seria pela ausência do Metilfenidato (principio ativo)?

b) Pela falta do Sal (Cloridrato)?

c) Pela falta de respeito?

d) A bióloga da Novartis entende menos de biologia do que eu?

e) A ANVISA finalmente resolveu perceber o prognóstico já sabido e avisado por qualquer especialista menos renomado e mais especialista, menos comprometido com o seu partidarismo e mais comprometido com gente?

f) Ou todas as alternativas anteriores estão corretas?

2. ANVISA X NOVARTIS — Houve Crime?

No país onde somos muito mais cobrados pelos cumprimentos dos deveres, acabamos pouco sabendo sobre os nossos direitos. Afora o de que nem todos os direitos, dentre os poucos que sabemos, servirão de fato para alguma coisa. Por conseguinte, recorro **AQUI** ao Ministério Público que avalie, releve e/ou retifique todos os meus possíveis equívocos.

O seguinte Art. 10 da Medida Provisória N° 2.190-34 de 23 de Agosto de 2001 em seu inciso XXXIX ainda está em vigor?

> Interromper, suspender ou reduzir, sem justa causa, a produção ou distribuição de medicamentos de tarja vermelha, de uso continuado ou essencial à saúde do indivíduo, ou de tarja preta, provocando o desabastecimento do mercado: pena - advertência, interdição total ou parcial do estabelecimento, cancelamento do registro do produto, cancelamento de autorização para funcionamento da empresa, cancelamento do alvará de licenciamento do estabelecimento e/ou multa.

Supondo que um pássaro mudo em uma lúcida alucinação auditiva tenha me confidenciado em bom português que o último lote do medicamento Ritalina 10 mg já datava sua fabricação em Nov/2012. Todavia, sem ter como provar, pois o pássaro além de mudo tem Fobia Social e não fala com estranhos. Mas, se algum órgão competente constatar que o pássaro mudo dizia a verdade ficaria evidente que o laboratório já sabia que o medicamento faltaria? E já sabendo que faltaria, seu anarquismo também lhe isenta do cumprimento do Art. 10 da Medida Provisória N° 2.190-34 no quesito XL?

> Deixar de comunicar ao órgão de vigilância sanitária do Ministério da Saúde a interrupção, suspensão ou redução da fabricação ou da distribuição dos medicamentos referidos no inciso XXXIX: pena - advertência, interdição total ou parcial do estabelecimento, cancelamento do registro do produto, cancelamento de autorização para funcionamento da empresa, cancelamento do alvará de licenciamento do estabelecimento e/ou multa;

E se confrontarmos as duas respectivas afirmativas, inseridas na bula da Ritalina **(a)** e **(b)** com o Parágrafo único do Art. 20. Cap. VI da LEI N° 9.782 de 26 de Janeiro de 1999, ou o Parágrafo incluído pelo Decreto n° 3.961, de 10.10.2001 seria o mais correto?

> **(a)** Seu mecanismo de ação no homem ainda não foi completamente elucidado;
>
> **(b)** Os dados de segurança e eficácia sobre o uso de RITALINA em longo prazo não são completos;
>
> **Parágrafo único do Art. 20. Cap. VI da LEI N° 9.782 de 26 de janeiro de 1999:**

> Não poderá ser registrado o medicamento que não tenha em sua composição substância reconhecidamente benéfica do ponto de vista clínico ou terapêutico.
>
> § 1° Somente poderá ser registrado o medicamento que contenha em sua composição substância reconhecidamente benéfica do ponto de vista clínico e terapêutico. (Parágrafo incluído pelo Decreto N° 3.961, de 10 de Outubro de 2001).

Consciente de que no Brasil não existe remuneração para cobaias, estaríamos então pagando para sermos cobaias sem saber? Salientando ainda que está não foi a primeira vez em que a Novartis agiu de maneira irresponsável, descompromissada e plenamente independente. No ano de 2011, sobre o pretexto da mudança na embalagem para proporcionar maior qualidade do produto resolveram — com a autonomia soberana que a inobservância concedeu-lhes — cessar o abastecimento do medicamente entre o mês de Maio e o mês de Junho, quando retornaram o fornecimento apenas com os *blisters* de alumínio e o formato da caixa modificada. Teriam agido em confluência ao Inciso XVI do Art. 3° do Decreto N° 3.961, De 10 De Outubro De 2001 (Altera O Decreto N° 79.094, De 5 De Janeiro De 1977, Que Regulamenta A Lei N° 6.360, De 23 De Setembro De 1976):

> Rótulo — Identificação impressa, litografada, pintada, gravada a fogo, a pressão ou autoadesiva, aplicada diretamente sobre recipientes, embalagens, invólucros ou qualquer protetor de embalagem externo ou

interno, não podendo ser removida ou alterada durante o uso do produto e durante o seu transporte ou armazenamento.

E quanto às advertências descritas na bula: Não interrompa o tratamento sem o conhecimento do seu médico. A retirada do medicamento pode levar à depressão e a consequências de hiperatividade. Eles seriam médicos de todos os portadores de TDAH do Brasil sem sabermos, os culpados fomos nós mesmos por não avisá-los que iríamos interromper o tratamento, ou a Novartis teria mais uma vez violado a lei? Segundo o Art. 148 do Decreto nº 3.961, de 10 de Outubro de 2001:

> § 1º As empresas titulares de registro, fabricantes ou importadores, têm a responsabilidade de garantir e zelar pela manutenção da qualidade, segurança e eficácia dos produtos até o consumidor final, a fim de evitar riscos e efeitos adversos à saúde.

SUGIRO ainda que alguém mais competente e/ou com maior conhecimento jurídico analise outros aspectos que possam ser considerados como delituosos de acordo com o Decreto Nº 3.961, De 10 De Outubro De 2001.

2.1. E quanto aos outros prejuízos?

Nas mãos de quem os portadores de **TDAH** e/ou seus familiares deverão pegar o cheque em branco que possa quitar o valor desconhecido desse débito? Quem vai pagar as contas decorrentes desse prejuízo, se os valores são tão incalculáveis quanto os cálculos que intermitentemente, vocês apresentam? Qual das instituições poderá reparar os danos morais causados pelo descaso com as vidas dessas pessoas?

Eu, por exemplo, bati meu carro por duas vezes em uma única semana. E além das explicações que não solucionarão os problemas, estou aguardando o remédio autônomo, uma multa por ultrapassar — sem perceber o que percebia — o sinal fechado. Embora eu nem mais me lembre mesmo se realmente ultrapassei algum sinal. Algo, inclusive, comum na vida de muitas pessoas com **TDAH**. Conforme afirma o *International Consensus Statement on ADHD* (2002):

> Especialistas advertem que pessoas com **TDAH** apresentam dificuldade para aderir às leis e regras sociais e estão mais sujeitas a acidentes e situações indesejáveis, como gravidez precoce, doenças sexualmente transmissíveis, multas de trânsito, conflitos matrimoniais e depressão.

Desconsiderando a minha multa e considerando os portadores do **TDAH** com predomínio da desatenção que são atropelados em ruas próximas da realidade, mas longe das estatísticas. Somando-se aos do tipo predominante hiperativo-impulsivo vitimas em acidentes de carro pelo excesso da velocidade em índices incomensuráveis. Como saberão quantos deles podem perder, ou já terem perdido a vida pela irresponsabilidade de duas instituições sem hierarquias definidas, nem preceitos éticos estabelecidos em suas atuações práticas?

Estudos de Barkley (2002) demonstraram que ao longo do desenvolvimento, a vida de uma criança com **TDAH** é permeada de muitos fracassos. De modo geral, essas crianças têm grandes riscos de expulsões e suspensões escolares, maiores chances de repetências, abandono escolar, relacionamentos difíceis, problemas de conduta, desenvolvimento de ansiedade, depressão, baixa autoestima, envolvimento com drogas e problemas de aprendizagem. Quando existe um quadro de comorbidade esse quadro pode ter ainda mais implicações ao longo da vida. Dessa maneira, como irão ressarcir aqueles que perderam uma disciplina na escola, os que foram reprovados em uma prova importante, eliminados em uma seleção de emprego? E quem vai pagar as novas consultas particulares que terão que ser remarcadas em virtude das receitas expiradas?

3. Será que a ANVISA não Sabia?

3.1. Vejamos os prognósticos primeiro pelos aspectos psicopatológicos do próprio **TDAH**. O Manual Diagnóstico e Estatístico de Transtornos Mentais (DSM-IV) em sua 4ª edição reforça:

A impulsividade pode levar a acidentes (por ex., derrubar objetos, colidir com pessoas, segurar inadvertidamente uma panela quente) e ao envolvimento em atividades potencialmente perigosas, sem consideração quanto às possíveis consequências (por ex., andar de skate em um terreno extremamente irregular). Os indivíduos com este transtorno são facilmente distraídos por estímulos irrelevantes e habitualmente interrompem tarefas em andamento para dar atenção a ruídos ou eventos triviais que em geral são facilmente ignorados por outros (por ex., a buzina de um automóvel, uma conversa ao fundo). **Acrescento** ainda a curiosidade imponderada, o desejo de o tudo querer, a intolerância a rotina e a busca de novas aventuras.

3.2. Quanto às comorbidades presentes no TDAH, Tannock (2000) adverte:

As pessoas com **TDAH** têm maior tendência em abusar de drogas. O índice pode chegar a 50%. No caso do tratamento de dependentes químicos é fundamental investigar se há diagnóstico de **TDAH**. A pessoa pode utilizar-se do álcool, da maconha e de tranquilizantes como forma de anestesiar seus pensamentos negativos, sua depressão, sua agitação e sua ansiedade crônica. É um comportamento que leva à gratificação imediata. Em curto prazo podem até funcionar como alívio porque a gratificação imprevisível libera mais dopamina, mas o uso crônico leva à depressão, à desmotivação total, e a desorganização toma conta da pessoa. Pode usar anfetamina, cafeína e cocaína, como instrumento de concentração, de clareza mental.

3.3. Correlacionemos agora as informações acima com as fórmulas químicas da Ritalina e da Cocaína:

a) F. Q — Ritalina (Metilfenidato): $C_{14}H_{19}NO_2$.
b) F. Q — Cocaína: $C_{17}H_{21}NO_4$.

Destaco, no entanto que, embora as duas substâncias sejam Inibidores da Recaptação de Dopamina (IRD), o Metilfenidato atua mais na modulação dos níveis de Dopamina que da Noradrenalina.

3.4. Ainda em outubro de 2004, em sua edição de N° 1877 a revista **Veja** destacava: "Um dos aspectos mais preocupantes do uso da Ritalina é o recreacional. Alguns adolescentes trituram as drágeas e cheiram o pó. Outros diluem o comprimido em água, para injetá-lo na veia [...]".

3.5. Tornaram-se novamente cientes em junho de 2011:

> A Agência Nacional de Vigilância Sanitária estuda, nos próximos meses, tornar ilegal a venda de medicamentos inibidores de apetite que contenham sibutramina ou derivados de anfetaminas, como Femproporex, Mazindol e Anfepramona. A medida é louvável, uma vez que chama atenção para o importante combate à medicalização da sociedade, bandeira assumida pelo CRP-RJ desde 2006, mas ao mesmo tempo preocupante, pois não inclui o combate ao uso indiscriminado de Ritalina. (ANVISA estuda proibir anfetaminas, mas Ritalina fica de fora. Matéria

foi publicada na 32ª edição do Jornal do CRP - http://tinyurl.com/6djsndr).

3.6. Em sua página sobre o Metilfenidato a Wikipédia descreve entre as vias de administração do medicamento, a oral, transdérmico e **nasal**.

3.7. Com o título *Abuso de Ritalín en jóvenes* um vídeo postado no Youtube, datado desde 15 de Setembro de 2010 — um jovem demonstra como é fácil esmagar o comprimido de Ritalina com uma colher para depois inalar.

3.8. Afora tantas outras informações disponíveis para quem enxerga aquilo que olha. Na própria bula da Ritalina, por exemplo, pelo menos três informações subliminares deixam ainda mais implícitas:

    a) Entre as Reações adversas: Inflamação das vias nasais e da garganta;

    b) Nasofaringite (sem explicar o significado na bula). Trata-se de uma inflamação aguda ou crônica da mucosa nasal;

    c) No trecho referente ao procedimento em caso de superdose ao mencionarem que se a superdose for oral deixa-se subentendido a existência de outras vias de administração.

3.9. Vale destacar que, embora tenha certa afinidade com tudo àquilo que se revela estranho, percebendo que algumas coisas mostravam-se bem mais estranhas que a minha afinidade, desde Fevereiro de 2011, já havia encaminhado um e-mail para ANVISA (Nº de Protocolo: 2011047296) questionando sobre outro aspecto obscurecido:

Prezado (a) Sr. (a) atendente da ANVISA,

Tenho Transtorno do Déficit de Atenção com Hiperatividade (**TDAH**) e há seis anos faço uso variegado dos dois únicos medicamentos psicoativos nacionais a base de Metilfenidato: RITALINA (Novartis) e CONCERTA (Janssen-Cilag). Todavia, afora alguns psicotrópicos menos difundidos para o **TDAH** e que não são vendidos no Brasil (Focalin, Daytrana, Adderall, Vyvanse, Dexedrine etc.), gostaria de saber por que o STRATTERA (Atomoxetina), fabricado pela Eli Lilly, disponível nos EUA há oito anos e com lançamento previsto para o Brasil desde 2004, até hoje não é comercializado em nossas farmácias?

Afinal, ante as inúmeras medidas adotadas pela ANVISA no intento de minorar o consumo indiscriminado de remédios — sobretudo dos psicofármacos — é no mínimo contraditório que, sendo o único medicamento aprovado para o tratamento do **TDAH** que não pertence à classe dos psicoestimulantes, vendido sem o Receituário Especial (talonário tipo A), com estudos comprovando menores riscos de dependência, e podendo ser administrado com uma única dose ao dia, o STRATTERA

(Atomoxetina) tenha a sua comercialização interdita no Brasil.

Atenciosamente,

Marcus Deminco

3.10. Obtendo como resposta algo que não condizia muito com a realidade. Ao menos, pelo pouco que sei a *Atomoxetina* não pertence a classe dos psicoestimulantes, sendo portanto vendida em todo mundo com receituário simples.

Prezado (a) Senhor (a),

Em atenção a sua solicitação, informamos que o medicamento Strattera está em processo de registro por esta Agência. Entretanto, informamos que, caso este medicamento venha a ser registrado, será prescrito somente por receita médica em talonário especial, tipo A.

Atenciosamente,
Anvisa Atende
Central de Atendimento
Agência Nacional de Vigilância Sanitária
0800 642 9782
www.anvisa.gov.br

3.11. Mesmo sem compreender toda falta de compreensão daquilo que talvez não fosse mesmo para ser compreendido, algo ainda mais incompreensível foi capaz de me desembaraçar depois de tantos embaraços:

A Strattera (Atomoxetina) não pode ser comercializada no Brasil. Todavia, a ANVISA permite que ela seja usada em solo nacional. Desde que comprada fora do país. Considerando que a ANVISA apresenta como sua missão: proteção e promoção à saúde da população. Presume-se por obviedade — obviamente duvidosa que — jamais permitiriam o uso da Atomoxetina se a droga oferecesse algum risco à saúde. Sendo assim, por qual motivo de fato, ou por qual pretexto sem motivo de fato, está condicionada a sua privação no Brasil (somente nas farmácias) desde 2004?

Então, a **Strattera** (Atomoxetina) que não é comercializada no Brasil pode ser importado, porém a Ritalina de 10 mg — soberana no mercado nacional desde 1988 — nem mesmo em caso de ausência pode ser importada? Eu deveria compreender alguma coisa? Seria importante esclarecer tudo isso direito, talvez alguém deseje saber se existe alguma receita especial para poder importar Heroína diretamente da *Red Light District* em Amsterdam.

3.12. Querendo apenas entender algo inteligível, sobre aquilo que afinal, eu seria um dos mais interessados, encontrei ainda algumas coincidências quase tão explicáveis para serem apenas coincidências. Casualmente, os dois únicos medicamentos de primeira escolha para o **TDAH** no Brasil (com o mesmo principio ativo Metilfenidato) pertenciam as duas Indústrias Farmacêuticas entre as mais poderosas do mundo. Tanto a Ritalina do laboratório **Novartis** Biociências quanto o Concerta, do laboratório **Janssen-Cilag que é uma** subsidiária da Johnson

& Johnson. No ano de 2007, na lista com as 10 maiores indústrias farmacêuticas em volume de receita, a **Novartis** ocupava a 2º colocação enquanto a **Johnson & Johnson** estava no 6º lugar. (*Top 50 Pharmaceutical Companies Charts & Lists, Med Ad News, September, 2007*). Entre as 15 empresas farmacêuticas que mais venderam no ano de 2008, o laboratório **Novartis** era o 3º colocado e a **Johnson & Johnson** o 7º. (IMS Health 2008, Top 15 Global corporations). Já no relatório divulgado pela *Financial Times Global 500* (2011) com o ranking das 225 maiores empresas do mundo (não apenas as empresas farmacêuticas), a **Johnson & Johnson** aparecia em 25ª lugar, a **Novartis** em 32ª e bem distante deles, na 184ª colocação aparecia a **Eli Lilly and Company**. Talvez esses dados expliquem o porquê do **Strattera** (Atomoxetina) até hoje não poder ser comercializado nas farmácias nacionais.

3.13. Esquecendo que no Brasil já se falsificou remédio para câncer e se vendia anticoncepcional fabricado com pílulas de farinha de trigo, será mesmo que a Atomoxetina, usada nos EUA por mais de 10 anos, não passaria pelo rigoroso sistema de qualidade da ANVISA ou existem entraves burocráticos na frente da nossa saúde? Aliás, o que está faltando para produzirmos ou importarmos alguns Genéricos da Ritalina 10mg? Existem vários Metilfenidatos de 10 mg em diversos países: Attenta, Medikinet, Metadate, Methylin, Penid, Rubifen, Focalin. (corrija-me se alguns desses já são comercializados aqui no Brasil).

Também não sei se já sabem, mas existem genéricos dos Metilfenidatos de Longa duração: Watson Metilfenidato ER (EUA genérico), Teva-Metilfenidato ER-C (genérico canadense), Equasym XL, Medikinet XL, Metadate CD, Rubifen SR.

E de acordo com a Lei nº 8.080, de 19 de setembro de 1990, em seu Art. 6º, § 1º:

> Entende-se por vigilância sanitária um conjunto de ações capazes de eliminar, diminuir ou prevenir riscos à saúde e de intervir nos problemas sanitários decorrentes do meio ambiente, da produção e circulação de bens e da prestação de serviços de interesse da saúde, abrangendo:
>
> I.   O controle de bens de consumo que, direta ou indiretamente, se relacionem com a saúde, compreendidas todas as etapas e processos, da produção ao consumo;
>
> II.   O controle da prestação de serviços que se relaciona direta ou indiretamente com a saúde.

Segundo o Art. 1º O Sistema Nacional de Vigilância Sanitária compreende o conjunto de ações definido pelo § 1º do Art. 6º e pelos Art. 15 a 18 da Lei nº 8.080, de 19 de setembro de 1990, executado por instituições da Administração Pública direta e indireta da União, dos Estados, do Distrito Federal e dos

Municípios, que exerçam atividades de regulação, normatização, controle e fiscalização na área de vigilância sanitária.

Art. 2º Compete à União no âmbito do Sistema Nacional de Vigilância Sanitária:

I. Definir a política nacional de vigilância sanitária;

II. Definir o Sistema Nacional de Vigilância Sanitária;

III. Normatizar, controlar e fiscalizar produtos, substâncias e serviços de interesse para a saúde;

IV. Exercer a vigilância sanitária de portos, aeroportos e fronteiras, podendo essa atribuição ser supletivamente exercida pelos Estados, pelo Distrito Federal e pelos Municípios;

V. Acompanhar e coordenar as ações estaduais, distrital e municipal de vigilância sanitária;

VI. Prestar cooperação técnica e financeira aos Estados, ao Distrito Federal e aos Municípios;

VII. Atuar em circunstâncias especiais de risco à saúde;

VIII. Manter sistema de informações em vigilância sanitária, em cooperação com os Estados, o Distrito Federal e os Municípios.

Além dos preceitos legais, a Agência Nacional de Vigilância Sanitária (**ANVISA**) teria cumprido a sua **Missão?**

Promover e proteger a saúde da população e intervir nos riscos decorrentes da produção e do uso de produtos e serviços sujeitos à vigilância sanitária, em ação coordenada com os estados, os municípios e o Distrito Federal, de acordo com os princípios do Sistema Único de Saúde, para a melhoria da qualidade de vida da população brasileira.

E quanto a sua visão?

Ser legitimada pela sociedade como uma instituição integrante do Sistema Único de Saúde, ágil, moderna e transparente, de referência nacional e internacional na regulação e no controle sanitário.

Teriam seguido os preceitos dos seus valores?

- Ética e responsabilidade como agente público.

- Capacidade de articulação e integração.

- Excelência na gestão.

- Conhecimento como fonte para a ação.

- Transparência.

- Responsabilização.

4. Quanto ao excesso no consumo de Metilfenidato no Brasil.

Por que o consumo de Metilfenidato subiu 75% de 2009 a 2011? Se de Set./2007 a Out./2008 foram vendidas 1.238.064 caixas, enquanto de Set./2011 a Out./ 2012 as vendas aumentaram para 1.853.930 caixas, existem alguns motivos — ao menos — razoavelmente óbvios para isso.

Embora alguns renomados especialistas precisem dizer de qualquer jeito, através de qualquer matemática mirabolantemente inventada, que não houve excesso. Afirmando, inclusive que pela prevalência do **TDAH**, mesmo com essas 1.853.930 caixas, mais de três milhões de portadores estariam sem tratamento no país. Acredito que talvez, até pela necessidade de inventar estatísticas justificáveis, eles acabem ignorando outros dados: se para cada caixa de psicotrópico vendida no Brasil, duas são adquiridas de maneira ilegal, e se não estou enganado (embora às vezes eles até me enganem), os Metilfenidatos fornecidos ao SUS também não são contabilizados como eles podem asseverar esses números se eles nem existem?

Primeiro, para constatar se existe um excesso no consumo do Metilfenidato no Brasil, seria necessário saber o número de pessoas diagnosticadas e quantas delas estão sendo tratadas com o Metilfenidato. Posteriormente, verificar se o aumento no consumo teria sido superior a prevalência do **TDAH**. O problema, entretanto, começa exatamente a partir daí: os dados referentes a prevalência do **TDAH** no Brasil, em sua grande maioria, são manipulados e difundidos em cartilhas e/ou *pseudoartigos* patrocinados pelas próprias indústrias farmacêuticas. Você contrariaria o seu chefe? Pois eles também não.

Para Miguelote (2008) à medida que a produção econômica passou a depender da ciência como valor, a articulação entre a indústria farmacêutica e a indústria do conhecimento configurou-se numa poderosa engrenagem sustentada por estratégias de marketing. Assim, a produção de conhecimento médico, legitimado cientificamente através de pesquisas, alimenta a produção de artigos, garantindo, ao mesmo tempo, circulação de conhecimento e venda de medicamentos. Segundo essa mesma autora, a maioria dos ensaios clínicos para testar novos medicamentos ou novos procedimentos, patrocinados pela indústria, é feita a partir de protocolos que são elaborados e analisados pelo patrocinador. O pesquisador recebe a função de recrutar pacientes. Os médicos entrevistados afirmaram receber remuneração por paciente captado sem acesso à análise dos dados ou elaboração do artigo. Em algumas pesquisas, o valor é preestabelecido e mensal.

> Observamos que potenciais conflitos de interesse das publicações são raramente mencionados. Apenas oito artigos científicos tornam explícitos os financiamentos dos laboratórios fabricantes. Outro artigo apenas agradece o financiamento do laboratório fabricante. Pesquisando, em cada artigo, cada autor, observamos que o número de artigos que deveriam apresentar conflitos de interesse por receberem financiamento dos laboratórios, ou por possuírem coautoria dos fabricantes, seria de 27 artigos, o que representa 87% dos artigos científicos analisados [...] Acreditamos que o financiamento velado dos laboratórios fabricantes

em quase todas as publicações sobre os usos do Metilfenidato é uma grave questão ética e que requer maiores cuidados na aceitação dos resultados. Por que estes financiamentos são reiteradamente negados? Os artigos que não são patrocinados pelos laboratórios correspondem praticamente aos artigos que não abordam o tema do **TDAH**. Os grupos de pesquisa sobre o **TDAH** no Brasil são todos patrocinados pelos fabricantes dos produtos. Mas como fica esta relação entre interesses econômicos e as ações em saúde? A divulgação das pesquisas científicas brasileiras sobre os usos do Metilfenidato parece estar subordinada aos interesses comerciais que constantemente insistem em negar. (ORTEGA, F. et al., 2010).

Além de algumas 'campanhas esclarecedoras' realizadas dentro das escolas. Conforme destacou Tainah Medeiros, através de uma matéria disponível no site do Dr. Drauzio Varella publicada em 10/03/2013:

Na contramão de minimizar a preocupação que deve ser despendida com o diagnóstico do transtorno, existem boatos de que a farmacêutica Novartis faça campanhas em escolas alertando sobre os riscos do **TDAH** e orientando sobre as formas de identificá-lo. Para muitos, isso justificaria a maior quantidade de diagnósticos e, consequentemente, o maior uso da Ritalina nos últimos anos. Durante entrevista cedida ao site Drauzio Varella, a existência de tais campanhas foi veementemente negada pela farmacêutica. Em 2010, porém, a Novartis e a ABDA (Associação Brasileira de Déficit de Atenção) promoveram o concurso "Atenção Professor", que tinha como objetivo "ajudar os educadores a conhecer e lidar melhor com o **TDAH**". Para levar o prêmio de R$ 7 mil era preciso apresentar as melhores propostas de inclusão de portadores de **TDAH** na sala de aula. Além do valor, as escolas ganhariam um kit contendo uma *champagne*, um Certificado da Escola de Projeto de Inclusão e um troféu. O líder do projeto iria receber nominalmente apoio para participar de um Congresso Nacional na área de educação, "contemplando passagem, hospedagem e inscrição no valor máximo de R$ 4.000,00". Três escolas foram sorteadas. A Novartis negou qualquer tipo de envolvimento com projetos educacionais dentro e fora de escolas, apesar de o projeto buscar auxiliar no reconhecimento e condução do transtorno e de a página oficial do concurso exibir a assinatura da empresa como uma das responsáveis pela iniciativa.

ALIÁS, esse tipo de marketing possui caráter legítimo, ou viola o Art. 199 da Constituição Federal?

A assistência à saúde é livre à iniciativa privada.

§ 3º - É vedada a participação direta ou indireta de empresas ou capitais estrangeiros na assistência à saúde no País, salvo nos casos previstos em lei. Além de descumprir a Medida Provisória nº 2.190-34 / 2001— em seu quesito V: fazer propaganda de produtos sob vigilância sanitária, alimentos e outros, contrariando a legislação sanitária.

Considera-se ainda, como outra grave questão ética, a estreita ligação entre os renomados especialistas e o Laboratório Farmacêutico Novartis. Não por acaso, são os mesmos produtores dos *pseudoartigos* financiados, responsáveis pela definição sobre o que é o **TDAH** no Site do Próprio Laboratório.

Dessa forma, estaria a **ANVISA** agindo em confluência ao Decreto nº 3.571, de 21 de Agosto de 2000. Art. 3º XXVI no que preza: controlar, fiscalizar e acompanhar, sob o prisma da legislação sanitária, a propaganda e publicidade de produtos submetidos ao regime de vigilância sanitária?

4.1 CONCLUSÃO:

> É impossível saber se existe realmente um excesso no consumo de Metilfenidato no Brasil, sem saber antes a quantidade do medicamento que está sendo usado para o tratamento dos casos de Narcolepsia e Hipersonia idiopática, o número de pessoas diagnosticadas que estão sendo tratadas com o Metilfenidato, "adivinhar" (já que não se pode saber) quantas caixas são adquiridas de maneira ilegal, ter acesso a quantidade de Metilfenidato fornecida ao SUS que não são contabilizados, para somente assim, correlacionarem todos esses dados com a prevalência do TDAH no país.

5. Sugestões para NOVARTIS.

5.1. JAMAIS confunda Transtorno do Déficit de Atenção com Hiperatividade (**TDAH**) como algum sinônimo de idiota, abilolado ou lesado;

5.2. JAMAIS peça para que uma pessoa com **TDAH** telefone para um número 0800 que ninguém atende;

5.3. Quando não tiver algo sóbrio, verídico ou objetivo para responder **JAMAIS** copie e cole a mesma resposta para todas as perguntas enviadas por e-mails.

5.4. Procurem se informar melhor sobre os remédios que vendem;

5.5. Insira também na bula da Ritalina: **Interromper o Medicamento pode causar danos à própria Novartis**;

6. Sugestões para ANVISA.

6.1. O Transtorno do Déficit de Atenção com Hiperatividade **(TDAH)** é algo muito sério para ser tratado com tamanho descaso e desrespeito;

6.2. Indubitavelmente — apesar de tudo — o Metilfenidato é mesmo o melhor psicotrópico (não o único) para o Tratamento do **TDAH**. Entretanto, não podemos ficar a mercê desde 1988 apenas de uma Indústria Farmacêutica tão descompromissada quanto a Novartis.

6.3. Afinal, além da STRATTERA (Atomoxetina), primeira droga não pertencente à classe dos psicoestimulantes, oficialmente aprovada nos EUA para tratamento do **TDAH** em crianças, adolescentes e adultos, com lançamento previsto para o Brasil desde 2004, o que está faltando também para importarmos os Genéricos da Ritalina de 10mg, como por exemplo, Attenta,

Medikinet, Metadate, Methylin, Penid, Rubifen, Focalin? E quanto aos genéricos dos Metilfenidatos de Longa duração, como o Watson Metilfenidato ER, Teva-Metilfenidato ER-C, Equasym XL, Medikinet XL, Metadate CD, Rubifen SR?

6.4. Todavia, se pretenderem minorar e/ou coibir o uso não medicamentoso (sobretudo o uso recreativo) se os comprimidos não podem ser revestidos, verifiquem a existência de outros EXCIPIENTES quimicamente compatíveis com o Metilfenidato. **Por exemplo**, se os EXCIPIENTES da Ritalina de 10mg são: fosfato tricálcico, lactose, amido, gelatina, estearato de magnésio e talco. Talvez não modifique tanto trocá-los por Estearato de magnésio, amido, croscarmelose sódica, lactose ou por croscarmelose sódica, hipromelose, povidona, palmitato de estearato glicerol, celulose microcristalina, macrogol, dióxido de titânio e macrogol 400.

7. Recado aos "RENOMADOS" especialistas.

Mesmo sem citar seus renomes, certamente muitos saberão reconhecê-los entre o repentino silêncio da boa conveniência. Todavia, defender, apoiar, lutar e **LUCRAR** por uma causa com tamanha lassidão é como ser um soldado sem farda no meio de um campo de batalha esperando o exército com maior poder de artilharia para migrar, mesmo que o outro tenha bem mais soldados. Talvez, seja até a melhor estratégia de guerra, mas certamente, jamais será a mais honrosa.

Aos mais interessados, recomendo ainda a leitura dos seguintes artigos:

1) **A Ritalina no Brasil: produções, discursos e práticas. Disponível em:**
http://www.scielo.br/pdf/icse/v14n34/aop1510.pdf

2) **A Ritalina no Brasil: Uma década de produção, divulgação e consumo. Disponível em:**
http://www.ebookcult.com.br/produto/A_Ritalina_no_Brasil_uma_decada_de_p
roducao_divulgacao_e_consumo-50964

3) **Receita Marcada e o admirável mundo da Ritalina. Disponível em:**
http://oarquivo.lamia.kinghost.net/index.php?option=com_content&view=article
&id=3405:receita-marcada-e-o-admiravel-mundo-da-Ritalina-parte-
1&catid=84:verdades-incovenientes-&Itemid=66

As Propaladas Noticias Sobre o TDAH e a Ritalina

De repente, diversas celebridades do mundo inteiro diagnosticadas com o Transtorno do Déficit de Atenção com Hiperatividade (**TDAH**) começaram a tornar público detalhes sobre suas vidas e experiências com o Transtorno. Entre os famosos, Steve Jobs, Bill Gates, Steven Spielberg, Tom Cruise, Jim Carrey, Justin Timberlake, Will Smith, Danny Glover, Sylvester Stallone, Michael Jordan, Michael Phelps, Simone Biles, etc.

Consequentemente, o **TDAH** passou a simbolizar uma condição bem menos depreciativa que aquelas primitivas ideias atreladas a limitações e/ou incapacidades. Ao passo em que possuir o Transtorno, adquiria até mesmo um certo "status" de inteligência, de prodigiosidade. Como sendo uma condição mais frequente entre pessoas diferenciadas, talentosas, criativas, atletas extraordinários, etc.

Contudo, se o então relógio que jamais havia aferido o meu tempo em conformidade com a cronologia ordinária dos outros homens estava finalmente sincronizado; se justamente naquele momento, talvez pela primeira vez na minha vida inteira, eu estava na mais perfeita concordância com os eventos do mundo contemporâneo, pouco tempo tive para desfrutar daquela minha despretensiosa pontualidade. Pois, quase que simultaneamente, começavam também a surgir inúmeras matérias tentando me desenquadrar, me deixar de fora da única situação na qual eu não havia me atrasado. Como se quisessem me colocar novamente no posto de retardatário, diversos factoides passavam a divulgar que aquele transtorno que eu possuía, já diagnosticado há onze anos, porém agora em plena moda, na mais propícia ocasião, simplesmente não existiria.

Porém, dentre as mais variadas notícias fabuladas, algumas merecem — até mesmo em recíproco desmerecimento — certo destaque. Durante o primeiro semestre de 2013, por exemplo, uma manchete replicada por diversos veículos de comunicação, questionava e respondia ao mesmo tempo: "Por que as crianças francesas não possuíam déficit de atenção?" Em seu conteúdo descritivo, as reportagens alegavam — com a propriedade de quem poderia no máximo pressupor que — a filosofia educacional, juntamente com uma abordagem psicossocial holística dos especialistas em saúde mental francesa — faziam o Transtorno do Déficit de Atenção com Hiperatividade (**TDAH**) simplesmente desaparecer, ou seriam capazes de reduzir a sua incidência em números ínfimos.

Mas, como ignorar a própria ignorância é a principal característica do ignorante, movidos por uma urgência irracional de desnudar ligeiro toda sua estupidez, esses jornalistas, colunistas, blogueiros e outros tantos analfabetos funcionais, auto instruídos pela presunção do que pensam saber — sem nem saber ao certo o que pensam — não se davam sequer ao trabalho de investigar a procedência dessas fontes, ou averiguar — ainda que fosse através de uma busca rápida pelo Google — a veracidade das asneiras antes de reproduzirem. Mas, conforme, já proferia Aristóteles: "O ignorante afirma, o sábio duvida, e o sensato reflete". E apesar de não simpatizar muito com a sensatez, algumas vezes — até mesmo por birra — sou suficientemente teimoso, ao ponto de agir em total discordância com aquilo que eu mesmo antipatizo, apenas para, eventualmente, ser capaz de refletir ponderadamente:

Afinal de contas, por que existiria uma Associação Francesa de Déficit de Atenção se o transtorno nem mesmo era frequente por lá? Ou por que teria uma página no Facebook (HyperSupers — **TDAH** France) com mais de 18.000 membros, fundada desde 5 de fevereiro de 2002 com a Missão de Ajudar pessoas afetadas pelo Transtorno de Déficit de Atenção com Hiperatividade (**TDAH**)? Será que os especialistas da Associação Francesa de Déficit de Atenção na ausência de pessoas com **TDAH**, estariam atendendo, produzindo artigos científicos, prestando serviços informativos, e orientando insetos hiperativos?

Outras reportagens — não menos irresponsáveis e igualmente fantasiosas — afirmavam que diversos jovens estariam usando a Ritalina (Cloridrato de Metilfenidato) com o objetivo de ficar mais aceso, e bem disposto em festas como *Raves* e carnavais. Em uma dessas matérias, inclusive, mencionavam o caso de um jovem enfermeiro que dizia se sentir gostoso, bonito, e com uma sensação de poder — além de experimentar um arrepio como se precedesse um orgasmo — toda vez que tomava o medicamento. Outro sujeito, afirmava fazer uso do remédio antes de sair para baladas, assegurando que sob o efeito da Ritalina ele já chegava às festas beijando todo mundo.

Confesso — com o sarcasmo contraditório da seriedade de quem confessaria alguma coisa realmente importante — que diante de todos esses casos, eu fiquei ironicamente preocupado: ou estariam me vendendo o medicamento falsificado, ou aquele comprimido que eu tomava diariamente, por tantos anos, seria qualquer outro remédio, exceto aquela tal Ritalina com tantos poderes mágicos. Primeiro, porque pela própria farmacodinâmica, sua substância causa muito mais um efeito apático que excitatório. Ao menos, é como funciona em meu organismo o princípio ativo da Ritalina que eu faço uso.

Segundo que, indolente, com diminuição do desejo sexual, xerostomia (secura da boca), piora da sociabilidade, maior tendência à irritabilidade, além do efeito conhecido como "visão de túnel" (quando a pessoa se detém tão intensamente em algo, que ignora todas as outras coisas e pessoas ao seu redor), não aparentam ser sensações das mais agradáveis, nem tão libidinosas assim para alguém querer sair por aí badalando com tamanho entusiasmado.

Como se o bastante não fosse muito, ou como se o muito ainda não fosse o suficiente, vez por outra era reproduzida, em inúmeras páginas da web que não tinham nada de mais útil para divulgar, aquela mesma notícia velha, desatualizada e já desmentida há anos: a imagem de um senhor burlesco, ilustrando o título: "Dr. Leon Eisenberg, o pai do **TDAH**, disse pouco antes de sua morte que o **TDAH** é uma doença fictícia".

Deixando de lado, toda incoerência inserida nos dizeres que encimam essa notícia. Afinal, um pai declarar que seu próprio filho seria uma ficção inventada por ele mesmo, era no mínimo algo bastante descabido para já creditarem, antecipadamente, tanta veracidade a respeito do teor da notícia. No entanto, sempre que o tempo sobrava ao revés de faltar, eu acabava não me contendo em replicar alguns desses sites. Em um desses — através do espaço destinado para criticas, sugestões e comentários — resolvi redarguir a sua colunista, uma consultora farmacêutica e bioquímica.

Inicialmente, afirmei que na tradução do texto original em alemão, ela (ou algum outro tradutor igualmente incompetente) havia modificado toda veracidade dos fatos: naquilo que foi realmente dito, no local onde foi dito, quando foi dito, e por quem foi dito. Por exemplo, o próprio título não condiz com a verdade, nem com as informações relatadas por ela mesma no discorrer do seu próprio texto: "Confissão de leito de morte do inventor do **TDAH**: o **TDAH** é uma doença fictícia [...] Aos 87 anos de idade e sete meses antes de sua morte, o pai científico do **TDAH** declarou, em sua última entrevista: o **TDAH** é um excelente exemplo de doença fictícia".

Primeiro, porque a alegação de que o Dr. Leon Eisenberg teria declarado isso colocaria a data de seu enunciado por volta de fevereiro de 2009. Entretanto, quanto à documentação para a cotação putativa é fornecido em idioma Inglês, a afirmativa de que o **TDAH** seria uma doença fabricada, faz referência a uma entrevista realizada no dia 2 de Agosto de 2012 com o Professor de Psicologia da Universidade de Harvard, Dr. Jerome Kagan. E com o título, Spiegel Entrevista com Jerome Kagan: What about Tutoring Instead of Pills? (E sobre Explicações em vez de pílulas?), bastava apenas uma única resposta (1.2) do entrevistado para, enfim e finalmente, desmentir aquela noticia tão plagiada, defasada, recorrente e que enchia o saco de todo e qualquer portador de **TDAH**.

1.1 Spiegel: Especialistas falam que 5,4 milhões de crianças americanas apresentam os sintomas típicos do **TDAH**. Você está dizendo que este transtorno mental é apenas uma invenção?

1.2 Kagan: Isso é correto; é uma invenção. Toda criança que não está indo bem na escola é enviado para ver um pediatra, e o pediatra diz: "É **TDAH**, aqui tem Ritalina." De fato, 90% destes 5,4 milhões de crianças não têm um metabolismo anormal da dopamina. O problema é que, se o medicamento está disponível aos médicos, eles vão fazer o diagnóstico correspondente.

Ao passo em que outra matéria — não veiculada através do site, mas reproduzida pelo jornal *Der Spiegel* — deixava evidente que o Dr. Eisenberg em nenhum momento afirmou que o **TDAH** era um transtorno irreal. Em verdade, ele havia dito apenas que: *"A* predisposição genética do **TDAH** é completamente é completamente *superestimada"*.

Em seguida, tão sério quanto a minha buliçosa impulsividade conseguiu refrear todo o ímpeto da minha ironia verbal, apresentei para a então colunista, o link de um site, onde pessoas, muito mais fundamentadas do que ela, apresentavam argumentos (pouco consistente, mas que já validavam mais do que todas essas notícias sem fundamentações) com intento de comprovar a inexistências das girafas. Afirmam que esses animais, quando aparecem em filmes são meras montagens, enquanto as dos jardins zoológicos, na melhor das hipóteses, seriam espécies de robôs. E consideram idiotas, todos aqueles que acreditam na existência do animal. Por fim, expliquei que talvez, o absurdo que se revelasse para ela diante dessas pessoas que não acreditavam em girafas, fosse tão incoerente para mim quanto aquelas que não acreditam na veracidade do TDAH.

No entanto, devo admitir que, imensamente mais ruinoso que todas essas deletérias notícias, ocorre quando o descredito surge, justamente, daquelas pessoas mais próximas da sua realidade. Conforme já havia relatado anteriormente, no livro *Tendência à Distração*, Edward Hallowell e John Ratey (1999) isso é mencionado, inclusive, entre o primeiro dos problemas mais comuns no tratamento do **DDA**:

> Certas pessoas, especialmente importantes na vida — pai, mãe, cônjuge, professor, patrão, amigo — não aceitam o diagnóstico de DDA. Eles não "acreditam" em DDA e não querem discutir sobre isso. É como se fosse contra sua religião ou visão de mundo. Eles fazem a pessoa com DDA se sentir uma fraude ou um impostor. Esse tipo de resposta descrente pode minar tanto a esperança que acompanha o diagnóstico, como

o tratamento. Ouvem-se com frequência, variantes do tipo: "esse tal de DDA não existe. É apenas uma desculpa para a preguiça". [...] O importante é a informação. Apresente à pessoa os fatos. Atenha-se aos fatos, deles se valendo para enfrentar a superstição, os boatos, o disse-me-disse, os preconceitos e a desinformação. Procure evitar debates inflamados. É comum usarem-se as objeções ao diagnóstico para esconder questões emocionais. Pode haver raiva da pessoa diagnosticada. Pode haver ressentimentos em relação à pessoa por todos os seus erros e não se desejar que ela escape facilmente com um diagnóstico. Querem punição e por isso ficam cada vez mais com raiva ante a noção de DDA, tentando fazê-la cair em descrédito. Nesses momentos é melhor ficar com a ciência, por isso permaneça com os fatos que temos a respeito do DDA. Em algum momento os sentimentos de raiva deverão ser tratados pelo que são: raiva em geral decorre de um comportamento passado irritante por parte da pessoa com DDA. Esses sentimentos são perfeitamente compreensíveis e válidos. Não deveriam, no entanto, ser usados para se invalidar um diagnóstico correto do DDA.

Confesso ainda — contra toda a minha vontade de omitir que — o desabono sobre a minha condição, nunca se limitou somente ao **TDAH**. Jamais tive, sequer, uma percepção cumpliciada de todo o prejuízo que uma vida acadêmica inteira com Dislexia havia me custado. Dos baixos rendimentos escolares, passando pela incompreensão de quase tudo aquilo que eu lia e/ou escrevia. Desencadeando graves problemas caracterizados no reconhecimento preciso ou fluente das palavras, problemas de decodificação, e dificuldades ortográficas. Conforme Willcut (2001) afirma, a presença de **TDAH** aumenta significativamente o comprometimento do processamento de leitura em pacientes disléxicos: a leitura requer considerável nível de atenção para selecionar as informações relevantes e ignorar estímulos menos importantes. Pessoas com **TDAH** em comorbidade com Dislexia apresentam mais problemas comportamentais, menor autoestima, maior incidência de abandono escolar, e um pior prognóstico quando comparadas ao grupo com **TDAH** ou Dislexia isoladamente.

> A Dislexia é o Transtorno de Aprendizado (TA) mais comum, ocorrendo em cerca de 8% das crianças em idade escolar. Estimativas mais conservadoras apontam para a prevalência de TA em aproximadamente 25% das crianças com **TDAH**. Tanto o **TDAH** quanto Dislexia estão associados a múltiplos déficits neuropsicológicos, em particular com comprometimentos das funções executivas (WILLCUT, 2001).

Não sei se pela ausência de autopiedade que nunca me incitou a vocação para interpretar o vitimista — ou porque para mim sempre foi dado o papel de compreender o transtorno de todos à minha volta. No entanto, a prevalência da verdade é que, sem nunca perceber o profundo constrangimento que aquele tipo de descaso sobre a minha condição me causava, no dia 25 de Novembro de 2013, recebi de uma "pessoa tão próxima da minha realidade", um e-mail com o link de uma entrevista, tão absurda e abstrata como algumas já citadas anteriormente:

Uso indiscriminado de Ritalina pode causar 'genocídio do futuro', diz pediatra.

Indicada para tratar portadores de déficit de atenção e hiperatividade **(TDAH)**, a Ritalina vem sendo indicada de maneira descontrolada no país. Atualmente, o Brasil ocupa a segunda posição mundial de consumo da droga, atrás apenas dos Estados Unidos. No caso das crianças, que tem o organismo ainda em fase de crescimento, o risco é ainda maior. "Fala-se muito que, se a criança não for tratada, vai se tornar uma dependente química ou delinquente. Nenhum dado permite dizer isso. Então não tem comprovação de que funciona. Ao contrário: não funciona. E o que está acontecendo é que o diagnóstico de **TDAH** está sendo feito em uma porcentagem muito grande de crianças, de forma indiscriminada", diz a pediatra Maria Aparecida Affonso Moysés, docente do Departamento de Pediatria da Faculdade de Ciências Médicas (FCM) da Unicamp. A especialista diz que se não haver um controle mais rigoroso sobre a droga, as gerações futuras poderão sofrer consideravelmente. "A gente corre o risco de fazer um genocídio do futuro". A Ritalina é um Metilfenidato, da família das anfetaminas, e tem como objetivo, melhorar a concentração, diminuir o cansaço e acumular mais informação em menos tempo. Ocorre que a droga pode trazer dependência química, pois tem o mesmo mecanismo de ação da cocaína, e é classificada pela *Drug Enforcement Administration* como um narcótico. As reações adversas ao consumo da droga se dão em todo o organismo e, no sistema nervoso central, são mais incisivas. "Isso é mencionado em qualquer livro de Farmacologia. A lista de sintomas é enorme. Se a criança já desenvolveu dependência química, ela pode enfrentar a crise de abstinência. Também pode apresentar surtos de insônia, sonolência, piora na atenção e na cognição, surtos psicóticos, alucinações e correm o risco de cometer até o suicídio. São dados registrados no *Food and Drug Administration* (FDA).

Desconsiderando o prognóstico nefasto utilizado como título da entrevista, inicialmente, o ligeiro descuido da pediatra em mencionar apenas o nome de comercialização de um dos medicamentos, a Ritalina, ao invés de citá-los em alusão ao seu princípio ativo, o Cloridrato de Metilfenidato, que além de abranger os nomes comerciais dos outros tipos de Metilfenidatos disponíveis no Brasil — proporcionaria aos leitores uma maior compreensão quanto a sua diferenciação nas dosagens, dos laboratórios fabricantes, e principalmente, em relação ao seu tempo de ação:

a) Ritalina® 10 mg. (Laboratório Novartis): Metilfenidato de ação curta, com efeito, de 3 a 5 horas;

b) Ritalina ® LA 20, 30, e 40 mg. (Laboratório Novartis): Metilfenidato de ação prolongada, com efeito de aproximadamente 8 horas;

c) Concerta ® 18, 36 ou 54 mg. (Laboratório Janssen-Cilag): Metilfenidato de ação prolongada, com efeito, de 10 a 12 horas;

Ao declarar que o medicamento é "indicado para tratar portadores de déficit de atenção e hiperatividade (**TDAH**)" — embora possa, mas não deva considerar como um grave equívoco — a mera omissão do termo "transtorno" ou "distúrbio" antecedendo a expressão "déficit", já na utilização da vogal "e" ao entreato das palavras "atenção" e "hiperatividade", ela aparenta desconhecer a existência dos casos onde o transtorno ocorre sem a presença da hiperatividade. Em virtude disso, inclusive, desde 1994 a Associação Americana de Psiquiatria (*American Psychiatric Association* — APA) adotou o termo Transtorno do Déficit de Atenção com Hiperatividade, com o uso da barra precedendo "Hiperatividade" como demonstração de que o transtorno pode surgir com ou sem a hiperatividade, apesar da hiperatividade ser o sintoma que mais define este quadro. Ainda nesse mesmo trecho, ela demonstra também não saber que além do **TDAH**, o Metilfenidato é utilizado no tratamento dos casos de Narcolepsia, e da Hipersonia Idiopática.

Seguidamente, quando afirma que "a Ritalina vem sendo indicada de maneira descontrolada no país. Atualmente, o Brasil ocupa a segunda posição mundial de consumo da droga, atrás apenas dos Estados Unidos". Mesmo sem mencionar dados, prognósticos, percentuais, estatísticas, estimativas, mentiras etc. ou qualquer espécie de recurso adiante de suas falácias, como minimamente se espera de alguém com especialidade sobre aquilo que fala, ainda assim, ela consegue a incrível façanha de cometer graves erros numéricos pela própria desídia daquilo que não sabe. Embora entre Set./2011 e Out./ 2012, o consumo de Metilfenidato no Brasil tenha apresentado um aumento significativo de 1.853.930 na quantidade de caixas vendidas, existem dois fatores antagônicos, mas igualmente lógicos que a pediatra, certamente não sabe. Ou se tem conhecimento — diferentemente da normalidade daqueles que sabem sobre o que estão falando — ela preferiu demonstrar sua insipiência:

1º. Apesar do grande aumento na vendagem de Metilfenidato, se considerarmos os dados referentes à prevalência do **TDAH** no Brasil em torno de 17 milhões de pessoas, mesmo com todas essas 1.853.930 de caixas, cerca de 30 mil pacientes apenas estariam em tratamento com o Metilfenidato no país.

2º. Todavia, é impossível saber se existe realmente um excesso no consumo de Metilfenidato no país, sem saber antes a quantidade do medicamento que está sendo utilizado para o tratamento dos casos de Narcolepsia e Hipersonia Idiopática, o percentual das pessoas diagnosticadas com o **TDAH** que estão sendo tratadas com o Metilfenidato, adivinhar (já que não se pode saber) quantas caixas são adquiridas de maneira ilegal, conseguir ter acesso a quantidade de Metilfenidato fornecida ao SUS (que não são contabilizados nas pesquisas) para somente assim, fazer a correlação entre todos esses dados com a prevalência do **TDAH** no país.

3º. Isso tudo desconsiderando que a entrevistada ignora completamente o agravante fator de — diferentemente dos outros países — existir somente o Metilfenidato como substância medicamentosa de primeira escolha disponível para o tratamento do **TDAH** no Brasil. O que, inevitavelmente, potencializa muito o seu consumo.

Ao mencionar vagamente, como, aliás, faz durante o texto inteiro: "Fala-se muito que, se a criança não for tratada, vai se tornar uma dependente química ou delinquente. Nenhum dado permite dizer isso. Então não tem comprovação de que funciona. Ao contrário: não funciona". Bem... Já quanto ao trecho em que a *pseudoespecialista* menciona os riscos da falta de controle, alegando: "[...] se não haver um controle mais rigoroso sobre a droga, as gerações futuras poderão sofrer consideravelmente". Confesso que não sei se a reforma ortográfica modificou tanto assim a conjugação do verbo "haver", nem se foi conjugado por ela mesma, ou se foi transcrito por alguém igualmente estúpido.

Posteriormente, afora o uso de expressões hipotéticas, quando ela assevera que o medicamento não funciona, além de contradizer os inúmeros artigos científicos disponíveis, normalmente, no meio acadêmico quando afirmamos ou discordamos de algo, devemos apresentar algum tipo de recurso técnico e/ou científico (pesquisas, artigos, etc.) para fundamentar aquilo que defendemos. Ela, ao contrário dos verdadeiros especialistas, para sustentar os seus argumentos, não recorre nem mesmo a *Wikipédia* como alegação de sua fonte de coleta de dados.

Ao dizer que "A Ritalina é um Metilfenidato, da família das anfetaminas, e tem como objetivo, melhorar a concentração, diminuir o cansaço e acumular mais informação em menos tempo. Ocorre que a droga pode trazer dependência química, pois tem o mesmo mecanismo de ação da cocaína, e é classificada pela *Drug Enforcement Administration (DEA)* como um narcótico", a entrevistada expressa justamente o oposto do que afirmam inúmeros estudos: a eficácia do Metilfenidato tem sua ação comprovada na redução dos sintomas de déficit de atenção, no melhor desempenho das atividades motoras, na diminuição da hiperatividade, no controle dos impulsos, e — ao extremo revés do que ela diz ao léu — o uso do Metilfenidato, dos tipos de liberação prolongada, proporcionam até mesmo uma inibição do abuso de drogas.

Já sobre "diminuir o cansaço e acumular mais informação em menos tempo", ou ela padece de algum tipo de alienação mental, ou lhe falta uma capacidade razoável para conseguir compreender alguma realidade fora das suas opiniões pessoais. Por inépcia, ignorância ou incompetência, a pediatra cita entidades com atribuições que não são de suas competências. Nos Estados Unidos, o Drug Enforcement Administration (DEA) não é a instituição responsável pela classificação das drogas. A missão do DEA é fazer cumprir as leis referentes às substâncias controladas, e fiscalizar organizações e/ou pessoas envolvidas na fabricação e/ou distribuição dessas substâncias. Em verdade, compete a Food and Drug Administration (FDA), órgão de vigilância sanitária dos EUA, a responsabilidade da classificação de drogas e/ou medicamentos.

No que se refere à analogia que ela tenta criar entre a Cocaína, a Anfetamina, e o Metilfenidato, é importante destacar que somente duas anfetaminas são comercializadas legalmente no Brasil: a Dextroanfetamina, e a Metanfetamina. E apesar das três substâncias apresentarem Fórmulas Químicas similares:

(A) Metilfenidato ($C_{14}H_{19}NO_2$);

(B) Anfetamina ($C_9H_{13}N$);

(C) Cocaína ($C_{17}H_{21}NO_4$),

Elas são totalmente divergentes em relação à farmacocinética (via de administração, absorção, biotransformação, biodisponibilidade e excreção). Também são distintas quanto as principais substâncias químicas (neurotransmissores) que se interagem, como se interagem. E, sobretudo, atuam em diferentes regiões do cérebro. Enquanto o

Metilfenidato age nas camadas mais externas do cérebro, conhecida como região cortical (local relacionado a funções da memória, atenção, consciência, linguagem, percepção e pensamento), a Cocaína e a Anfetamina atuam no *Núcleo Accumbens*, porção do "sistema de recompensa" (uma das principais áreas responsáveis pela predisposição na dependência química e física). A Cocaína e a Anfetamina são Inibidores da Monomania Oxidase (IMAO) promovem o aumento da disponibilidade da noradrenalina e da serotonina na fenda sináptica (espaço entre dois neurônios). O Metilfenidato, por sua vez, é um Inibidor da Recaptação de Dopamina (IRD), no entanto, além de não ativar o "sistema de recompensa" atua mais na modulação dos níveis de Dopamina que da Noradrenalina.

De modo grosseiro — propagado somente pelo senso comum — de onde presumo derivar o inexistente conhecimento da pediatra, pode-se dizer que o Metilfenidato funciona pelo que, usualmente, é chamado de "efeito paradoxal", ou seja, é um psicoestimulante, mas que apresenta um efeito contrário.

Mesmo reproduzidas por jornalistas e/ou profissionais não especializados, sem mencionar referências, reportar artigos científicos, ou apresentar qualquer pesquisa que validem suas afirmativas mentirosas, esses tipos de matérias caluniosas — de alguma forma irresponsável e alienante — transmitem aos leitores uma falsa ideia de que possam existir dúvidas quanto à existência do **TDAH**.

Afirmar que o **TDAH** não existe, assim como proferir que os medicamentos utilizados para o seu tratamento são "perigosos" além da explícita demonstração de ignorância, pode ser configurado como crime, porque veicula informações erradas sobre tema de saúde pública. Reproduzir notícias equivocadas, enquanto omite centenas de dados científicos que documentam os benefícios, a eficácia e a segurança dos medicamentos usados no tratamento do **TDAH**, não apenas dificulta e retarda o acesso da população ao diagnóstico e ao tratamento, como revela má-fé, descomprometimento aos princípios básicos do jornalismo, e expressa uma das mais perversas formas de discriminação contra as pessoas que sofrem de transtornos e/ou deficiências mentais: a Psicofobia.

A Organização Mundial de Saúde (OMS) define Saúde Mental como um estado de bem-estar no qual o indivíduo é capaz de exercer suas aptidões, manejar os eventos estressantes normais da vida, trabalhar produtivamente e contribuir para sua comunidade. Um Transtorno Mental, portanto, pode ser entendido como uma condição médica que altera este estado provocando prejuízo no desempenho global do indivíduo. De acordo com a Associação Brasileira de Psiquiatria (ABP) estima-se que mais de 40 milhões de pessoas no Brasil sofram de algum tipo de transtorno mental. Dessa maneira, aqueles que sofrem de Transtornos Depressivos, Transtorno Obsessivo-Compulsivo (TOC), Transtorno do Déficit de Atenção com Hiperatividade (**TDAH**) entre outras tantas doenças mentais, começam a se sentir cada vez mais excluídos, diante desses tipos de manifestações preconceituosas difundidas pela mídia.

Sobre a existência e a veracidade do **TDAH**, vale ressaltar que — além de ser reconhecido oficialmente pela Organização Mundial da Saúde (OMS) — o **TDAH** é validado também por um Consenso Internacional: produção científica publicada após extensos debates entre pesquisadores de diferentes culturas, instituição, e que não compartilham necessariamente as mesmas ideias sobre todos os aspectos de um transtorno. Segundo a *American Psychiatric Association* (1994) o **TDAH** é um dos transtornos mais bem estudados na medicina, e os dados gerais sobre sua validade são muito mais convincentes que a maioria dos transtornos mentais, e até mesmo que muitas condições médicas.

Atualmente, o **TDAH** é o motivo mais frequente entre as crianças e os adolescentes encaminhados para atendimentos em serviços especializados. Estima-se que ele afeta 2,5% dos adultos, cerca de 3 a 7% das crianças em idade escolar (dos 6 aos 12 anos) de todo mundo, e em mais de 68% dos casos o transtorno permanece por toda vida. De acordo com o Manual

Diagnóstico e Estatístico de Transtornos Mentais em sua 5ª edição (DSM-V), o **TDAH** é mais comum no sexo masculino do que no feminino, na proporção de 2:1 em crianças, e de 1,6:1 em adultos. As características ligadas a desatenção apresentam maior incidência em pessoas do sexo feminino, enquanto os sintomas referentes a hiperatividade e impulsividade são mais observados no sexo masculino. O transtorno costuma ainda apresentar elevadas taxas de comorbidades: em crianças com **TDAH**, mais de 50% dos casos surge com a presença de — pelo menos — algum outro transtorno comórbido, e aproximadamente 10% delas, desenvolvem três ou mais comorbidades. Pesquisas indicam que entre as crianças, as mais frequentes são:

- Transtorno Desafiador de Oposição — 40 %
- Transtornos de Ansiedade — 34%
- Transtorno de Conduta — 14%
- Transtornos de Aprendizagem (Leitura, Cálculo e/ou Escrita) — 10 a 25%
- Transtorno de Tiques — 11%
- Transtornos do Humor — 4%

Já entre os adultos com **TDAH**, as comorbidades afetam aproximadamente 70% dos pacientes — sendo que destes, 97% possuem até quatro transtornos comórbidos. Estudos indicam que para cada cinco adultos em tratamento de algum outro distúrbio, pelo menos um deles possui o **TDAH**. Entre as comorbidades mais comuns observadas em adultos estão:

- Depressão — 20 a 30%
- Transtorno de ansiedade –20 a 30%
- Uso de substâncias — 25 a 50%
- Tabagismo — 40%
- Transtorno de personalidade antissocial — 25%
- Transtorno de sono — 75%

Além de desencadear sérios prejuízos de produtividade e motivação nas atividades acadêmicas, vocacionais, bem como uma habilidade reduzida para expressar ideias e emoções, instabilidade nos diferentes tipos de relacionamentos, prejuízo da memória de execução, retraimento social, efeitos negativos da própria imagem, etc. Transtorno do Déficit de Atenção com Hiperatividade (**TDAH**) costuma causar uma série de impactos ao decurso da vida de uma pessoa:

1) Adultos com **TDAH**, independente do grau de instrução, ganham salários significativamente inferiores aos de adultos sem o transtorno. O estudo mostrou que a diferença é em torno de 10 mil dólares anuais para os indivíduos com formação superior e de 4 mil para aqueles com apenas o segundo grau;

2) 25% dos adultos com **TDAH** não terminam o 2º grau contra 1% dos adultos sem **TDAH**;

3) Apenas 15% dos adultos com **TDAH** cursam a universidade contra mais de 50% dos adultos sem **TDAH**;

4) Adultos com **TDAH** menos frequentemente concluem uma Universidade;

5) Adultos com **TDAH** menos frequentemente conseguem empregos de período integral do que adultos sem transtorno. Item responsável por 17% dos 77 bilhões de dólares de perdas projetados no estudo. Gerando impacto econômico sobre a sociedade;

6) Cerca de 25% dos estudantes com **TDAH** apresentam problemas de aprendizado em algum destes setores: expressão oral, compreensão, interpretação de textos e matemática;

7) 30% das crianças e adolescentes com **TDAH** repetem ao menos um ano escolar, repetições múltiplas ocorrem em 21%;

8) 35% dos adolescentes com **TDAH** abandonam os estudos, 45% são expulsos das escolas e 21% cabulam aulas repetidamente;

9) Estima-se que o desenvolvimento emocional das crianças com **TDAH** é cerca de 30% mais lento do que o de crianças sem o transtorno. Por exemplo, uma criança de 10 anos com **TDAH** opera num grau de maturidade de 7 anos. Um jovem motorista de 16 anos com **TDAH** tem um perfil de decisões de uma criança de 11 anos;

10) 65% das crianças com **TDAH** apresentam comportamentos de desafio da autoridade como hostilidade verbal e birras;

11) Crianças com **TDAH** mais frequentemente são vítimas de traumatismos cranianos ou poli traumatismo, intoxicações

acidentais e internação em UTI em decorrência destas intercorrências médicas;

12) Crianças com **TDAH** apresentam um risco 3 vezes maior de acidentes domésticos, 2 vezes maior de traumas, suturas e hospitalizações e 20% delas são responsáveis por incêndios sérios em suas comunidades;

13) Maior risco de gravidez antes dos 18 anos de idade e doenças sexualmente transmissíveis em jovens com **TDAH**;

14) Jovens com **TDAH** apresentam um risco 4 vezes maior de causar acidentes, 7 vezes maior de acidentes múltiplos e com vítimas, e 4 vezes maior a incidência de multas (por excesso de velocidade e por não respeitar sinais de trânsito);

15) Jovens com **TDAH** apresentam maior risco de uso, abuso e dependência de substâncias. Numa pesquisa o uso de tabaco foi informado por 50% dos jovens com **TDAH** contra 27% dos jovens sem o transtorno, uso de álcool 40% contra 28% e de maconha 17% contra 5%;

16) Separação ou divórcio ocorre 3 vezes mais entre os pais de crianças com **TDAH** do que pais de crianças sem o transtorno;

17) 49% das crianças com **TDAH** apresentam dificuldades de se relacionar com outras crianças contra 18% dos controles (crianças sem **TDAH**);

18) 72% das crianças com **TDAH** têm conflitos com os irmãos e outros familiares contra 53% dos controles;

19) 48% das crianças com **TDAH** apresentam facilidade de adaptação a novas situações contra 84% dos controles;

20) 18% das crianças com **TDAH** referem ter bons amigos contra 36% dos controles;

21) 52% das crianças com **TDAH** necessitam da ajuda dos pais nas tarefas escolares contra 28% dos controles;

22) 26% das crianças com **TDAH** necessitam da ajuda dos pais para se aprontarem para ir à escola contra 16% dos controles;

23) Estudos comparativos mostram que adultos com **TDAH** apresentam em maior frequência: drogadição (ou toxicodependência), tentativa de suicídio, divórcio, desemprego, insatisfação profissional e desajuste social.

Personalidades com TDAH

O **TDAH** é um dos transtornos mentais com maiores recorrências no planeta. De pobre a rico, ateu a fanático e famoso a anônimo: existem todos perfis de portadores. Para quebrarmos alguns paradigmas sobre o transtorno (como o de que acredita-se que ele impede alguém de ser bem-sucedido e eficiente no que faz), trouxe hoje casos de pessoas famosas que possuem o **TDAH**. Talvez você conheça alguns casos, mas com certeza outros serão bem surpreendentes!

1. Sabrina Sato. A japa sofre do transtorno e é um dos casos de brasileiros famosos com **TDAH** mais conhecidos. Ela fala abertamente sobre as dificuldades que já enfrentou e ainda enfrenta por causa do Transtorno de Déficit de Atenção e Hiperatividade.

2. Sylvester Stallone. Sim, gente. O grande, eterno e lendário Rambo tem **TDAH**!

3. "Magic" Johnson. O jogador considerado o maior armador da NBA também tem **TDAH**.

4. Tom Cruise. Ser um (mundialmente) reconhecido e bem-sucedido ator com **TDAH** parece uma missão impossível para você? Para Tom Cruise não.

5. Jim Carrey. O caso de Jim com o transtorno é bem conhecido mundialmente. O ator personifica bem o **TDAH** com seu jeitão desastrado e agitado, não acha?

6. Príncipe Charles. O primeiro na linha de sucessão e detentor dos títulos de Príncipe de Gales na Inglaterra também sabe na pele o que é viver o **TDAH**.

7. Einstein. O maior gênio da humanidade é um caso conhecidíssimo de **TDAH**. Ele mostra claramente que o transtorno não impede ninguém de – à base de muita vontade, incentivo e esforço – alcançar eficiência, prestígio e reconhecimento.

8. Walt Disney. Por mais difícil que o transtorno possa ser, Walt Disney é o caso perfeito que ser **TDAH** tem suas vantagens, incluindo a mente livre e criativa (que contribuiu para o nascimentos dos clássicos da marca de mesmo nome de seu idealizador).

9. Pablo Picasso. Picasso ficou eternizado por suas obras inigualáveis, mas também deixa um legado pouco conhecido de superação do **TDAH**.

10. Salvador Dalí. O jeito excêntrico de Dali acompanhavam o **TDAH** que ele tinha. Ele é mais uma prova de que a criatividade do portador é gigante, formadora, inclusive, de uma extensa lista de artistas que possuem o transtorno.

11. Caitlyn (Bruce) Jenner. A ex-atleta transsexual já foi aclamada como "maior atleta do mundo" em 1976, durante as Olimpíadas de Verão, nos EUA, e tem **TDAH**.

12. Steve Jobs. Jobs também teve **TDAH** e é mais um caso que comprova o potencial criativo dos portadores.

13. Danny Glover. O ator e ativista também possui o transtorno.

14. David Neeleman. O empresário brasilo-estadunidense, descendente de neerlandeses e americanos, fundador das companhias aéreas estadunidenses JetBlue Airways, Morris Air, da canadense WestJet e da Azul Linhas Aéreas Brasileiras, também tem **TDAH**. Dá pra acreditar que o multibilionário David tem o mesmo transtorno que nós?

15. Adam Levine. Adam Noah Levine é um músico norte-americano. É o vocalista e guitarrista da banda Maroon 5. Também participa no reality show: The Voice - Estados Unidos. Ele é um mundialmente conhecido caso do Transtorno de Déficit de Atenção e Hiperatividade.

16. Howie Mandel. Howie é um humorista estadunidense e criador do famoso "Mundo de Bobby". Por coincidência (ou não), o criador do personagem ícone do **TDAH** tem o transtorno.

17. Jennifer Lawrence. A atriz protagonista do "The Hunger Games" (Jogos Vorazes) e vencedora do Oscar de melhor atriz também sabe na pele o que é ter **TDAH**.

18. Justin Timberlake. Com uma carreira muito bem consolidada e voz e gingado inconfundíveis, Justin prova que um transtorno mental como o **TDAH** não é impeditivo o suficiente para quem sabe o que quer e faz acontecer.

19. Michael Jordan. Esse portador de **TDAH** é "nada mais, nada menos" que o cara considerado o maior jogador de basquete da história.

20. Michael Phelps. O mito das piscinas e maior medalhista olímpico da história, Michael Phelps, também tem **TDAH**.

21. Michelle Rodriguez. Mayte Michelle Rodriguez é uma atriz norte-americana conhecida pelos filmes The Fast and the Furious, Fast & Furious, Fast Six, Resident Evil, Resident Evil: Retribution, Avatar e S.W.A.T.. E pela série de televisão Lost.

22. Sir Richard Branson. Richard Charles Nicholas Branson, é um empresário britânico, o fundador do grupo Virgin.

Seus investimentos vão da música à aviação, vestuário, biocombustíveis e até viagens aeroespaciais.

23. Solange Knowles. Solange Piaget Knowles é uma cantora, compositora, DJ, dançarina, atriz e modelo norte-americana. É irmã da também cantora Beyoncé.

24. Will Smith. O transtorno não impediu que ele se tornasse (nada mais, nada menos) que um dos atores mais respeitados do mundo, rapper, produtor cinematográfico, produtor musical e produtor de televisão.

25. Bill Gates. Quem achou que Jobs estaria representando sozinho o grande mundo dos negócios de tecnologia se enganou: o fundador da mais conhecida empresa de T.I., Bill Gates, também tem **TDAH**.

26. Tracey Gold. A atriz americana Tracey Gold também é protagonista da nossa lista de famosos com **TDAH**.

27. Usain Bolt. O homem mais rápido do mundo também sabe o que é ser tachado por ser inquieto... E isso o levou a um número gigantesco de medalhas olímpicas!

28. Christopher Knight. Christopher é um ator estadunidense e encerra essa nossa lista de famosos com **TDAH**.

Depoimentos de Pessoas com TDAH

Eu Sou Assim

Eu sabia que era diferente, desde pequena. Nasci assim. Será que sou só eu? Perguntava, perguntava e não tinha resposta. Sempre me senti uma estranha no ninho, um ser de algum lugar que não fosse esse. Não sabia, apenas não sabia. Sempre senti tudo ao extremo. Amor, mágoa, amizade e todos os sentimentos unidos em um só. Tristeza e alegria, sorriso e choro, curiosidade e indiferença. Aliás, curiosidade é o que me move. É uma curiosidade desde pelo mais simples e belo até pelo mais desconhecido. É uma sede de saber constante, mesmo que não seja para um objetivo óbvio. É saber por saber, para compreender, para responder os tantos "por quês" da vida.

Eu tenho dúvidas sobre tudo. Passado, presente e futuro. Pesquiso, pesquiso e pesquiso e nunca me conformo com o que as pessoas dizem apenas para me calar. É algo como amar inexplicavelmente o desconhecido. É estar no auge de uma escolha acertada e abandonar tudo em busca do novo. É me sentir sozinha no meio de uma multidão e me sentir inserida num contexto, fazendo parte do mundo, mesmo estando isolada no quarto. É brigar com o meu irmão e parar tudo porque me lembrei de que comprei uma medalhinha para ele, numa igreja, no mesmo dia. É para dar sorte na busca por um novo emprego. Entregar, explicar como se usa e depois voltar a brigar, mas parar tudo de novo porque não me lembrava nem mais do motivo daquilo tudo.

É amar a vida!!! Querer viver intensamente todos os momentos, e detestar o modo como as pessoas vivem, porque no fundo, no fundo, me sinto muito diferente de todo mundo. É comprar um presente para alguém sem motivo algum só porque estou feliz, mas não saber o motivo de tanta felicidade. E quando eu tento me lembrar do motivo, caio numa tristeza profunda porque na verdade percebo que tudo é temporário.

Eu odeio regras e normas, mas procuro cumpri-las porque tenho respeito ao próximo. Eu converso com quem nunca vi na vida, mas às vezes largo um amigo falando sozinho só porque me lembrei de algo através de uma palavrinha que ele disse. E saio correndo porque tive um monte de ideias mirabolantes sobre aquilo, magníficas mesmo. Com vários pensamentos numa velocidade tão grande e tão louca que, quando paro para escrever e organizar tudo, já passou. Já esqueci porque na verdade as sequências de pensamentos são tão intensas que me perco no tempo. Perco a noção de tempo e de espaço.

Eu não consigo descansar enquanto durmo e, por isso, fico cansada o dia seguinte inteiro, mas, quando chega a noite novamente para eu dormir, eu fico com um pique total. É tanta energia que não sei de onde vem e daí invento um monte de coisas para fazer e me distrair. Eu acordo querendo uma coisa, ao longo do dia quero mais 50 e, ao deitar, deixo tudo de lado porque já tenho uma paixão por uma nova ideia. E faço de tudo para dar certo, mas depois vejo que não deu certo porque eu já desisti.

Choro pelos problemas do mundo, sem ao menos ter resolvido os meus. E rio no meio de uma reunião séria e logo me arrependo devido às consequências. É como se eu fosse uma criança apesar das responsabilidades e missões a cumprir.

Eu foco num novo assunto como se fosse a salvação do mundo e acabo deixando de lado os afazeres que me salvariam o dia. Tento explicar o inexplicável e sempre acho que nunca vai ter solução e, quando isso acontece, é como andar no meio da noite na praia, sem destino e rumo certo. É tudo muito amplo, os pensamentos são amplos.

Na verdade, ninguém ao redor consegue me entender e eu nem sei como explicar. Eu não consigo. Eu perco amigos por não ser compreendida, mas entendo todos eles porque na verdade me sinto diferente e não sei explicar o por quê. Mas agora eu já sei o porquê. É tudo muito confuso e eu adoro ser assim porque se Deus me fez com essa marquinha no cérebro é porque tenho uma missão muito diferente a cumprir e eu só ainda não sei qual.

Por Flávia Mendes Gomes

Livros Na Estante

Meu quarto é um "ninho de ratos". De repente, me levanto da cama num salto e ponho cada coisa em seu lugar. Assim, é o meu coração, também. Tento arrumar os livros em prateleiras: uma, pras pessoas da família: filha, marido, pais, irmãos. Outra, os amigos: os que se foram, os que estão sempre perto, os que nunca estiveram, mas que amo tanto quanto os outros. Outra, os conhecidos: pessoas que vem e que vão uma vez ou outra, mas que não fizeram nenhuma marca. Outra, os inimigos: quais? Eu os tenho muitos. Mas, nunca sei quem são. Pra mim, todo mundo é bom, só cometem erros, às vezes.

Aí, passados três dias todos estão juntos numa mesma prateleira, as etiquetas se perderam, não sei mais quem é quem, quem é de onde. Espera aí!? Isso parece o meu escritório... rs

Minha vida é assim: tudo tem seu lugar, mas mudam constantemente. E, depois, não sei mais de onde eram, então, as pessoas se misturam. Amigos passam a ser da família. Inimigos, passam a ser amigos, e assim vai.

É confuso, mas até que é bom. Com as lembranças, é assim também. Ouço uma história, lembro-me de outra, leio uma palavra lembro-me de uma festa, sinto um aroma lembro-me de alguém, ouço uma música lembro-me de um dia... Nenhum dia é igual, porque quando ele nasce igual ao ontem, eu já estou diferente. Humor? Tenho muito. Mau humor, também... (risos). Sou cativante com meu jeito falador. Mas, sou cansativa, quando falo além da conta.

Minhas histórias sempre são as mais divertidas, ilustradas com gestos, sons, mímicas, etc. ao menos, eu Me empenho ao máximo. Quando leio um livro, entro dentro da história: se estiver chovendo no conto, ao fechar o livro, corro para fechar as janelas, como se estivesse chovendo ali, também. Por outro lado, se o livro for ruim, pulo páginas e vou direto ao final.

Filmes então... São um problema: odeio assistir sozinha, mas ninguém quer assistir comigo. Afinal, meu apelido acabou sendo "cricrítica", pois cada cena merece um comentário. Tudo o que faço tem que ser o melhor. Ser bom, apenas, não me basta.

E, se o que estiver fazendo não for o suficiente para ser o melhor, largo na metade e não termino mais.

Adoro reconhecimentos e elogios, mas adoro fazê-los, também. Quando sou criticada ou repreendida, sempre dou uma explicação. Minhas brigas sempre são passageiras. Afinal, acabo esquecendo porque que briguei. Olho pra pessoas e sei o que elas estão pensando. Principalmente o que se refere a mim. Tenho lapsos de imaginação. Olho pra uma coisa, e imagino uma relação direta com alguma outra, que normalmente não tem nada a ver. Tudo tem que ter quê e por quê!!

Preocupo-me com o que os outros pensam de mim, por isso, faço tudo da melhor maneira possível. Faço cinco coisas ao mesmo tempo, agora, quando me empolgo em uma delas, largo todas as outras sem remorso. Nunca me esqueço de Deus, evito pedir, mas sempre faço uma manha. Sou extremamente emotiva. Choro só de ver alguém cantando bem no Raul Gil, pode? Quando falo de pessoas que gosto, elas nunca têm defeitos, somente qualidades.

Acordo no meio da noite pra lembrar que esqueci do aniversário do meu tio Kiko que foi três dias atrás. Ah! Mas, eu lembrei três madrugas antes do dia, também. Adoro ser filosófica, paradoxal. Observo pichações nos muros das cidades e tento imaginar o que passava na cabeça de quem desenhou aquilo. O que ele tentou dizer? Será que sou louca? Ou, só desorganizada das ideias, mesmo? Acho que não me esqueci de nada, né? Então, a conclusão fica pra você tirar.

Thatiana Nunes 26 anos, publicitária, casada e mãe de uma filha, Giovana de 2 aninhos, moradora de São Paulo — capital, **DDA** clinicamente diagnosticada, e nunca fiz uso de Ritalina. Ao menos até hoje, 17 de Novembro de 2005.

Desabafo DDA — Um Grito De Autoconhecimento

Sabe aquela criança que todos imaginavam ser meio "maluquinha", que fazia tudo ao mesmo tempo, com pulgas no short, molas nos pés e uma pilha "Rayovac" embutida auto recarregável?! Pois é, era eu! Acho até que a personagem "Menino Maluquinho" tinha que ser eu, "Gisele — Menina Maluquinha".

Quando criança, só andava com os meninos porque sempre achava as brincadeiras de meninas enfadonhas e sem graça. E por causa disso sempre fui tachada de coisas como "*Moleque Macho*" e "*Maria João*", mas nunca liguei muito para estas coisas porque eu, mesmo quando criança, sabia que não era isso e levava na brincadeira ou me fazia de rogada.

Desde sempre odeio regras e não sou muito de cumpri-las, principalmente aquelas que não concordo, ou não entendo o motivo de segui-las. Durante as aulas estava sempre conversando ou aprontando alguma — tachinhas, chicletes, bolinhas de papel, amarrar cadarços dos outras e outras estripulias para os colegas ou professores. Mas só tirava notas boas e apesar disso tudo, os piores professores (que todos os alunos odiavam porque eram exigentes) gostavam de mim. A Diretora nem se fala... Eu vivia na diretoria de castigo, e adorava isto, porque — ao menos — teria lanche e conversa a tarde inteira com a Diretora.

Curiosa ao extremo, sempre queria saber o motivo das coisas, como funcionavam e tenho gosto pessoal para as coisas diferentes e incomuns. Conseguia ficar horas fazendo algo, quase em outro planeta — normalmente fazendo coisas que outras pessoas achavam difícil — e para outras coisas me distraía com o barulho de qualquer alfinete caindo ao chão. Já me vi em várias enrascadas ou situações constrangedoras por isso.

Quase sempre tinha a solução para algum problema que ninguém conseguia resolver e queria pôr logo em prática, o que me colocava sempre como líder de grupo e sala, mesmo sendo "rebelde". Mas às vezes me atrapalho com coisas simples, o que meu ex-chefe diz: "Engole o elefante, mas se engasga com o mosquito...". Minha cabeça é como um turbilhão de ideias... Só tinha um pequeno problema: vivia esquecendo coisas como datas importantes, compromissos. Prefiro mil provas a um trabalho escrito, porque sempre me esqueço de fazê-los.

Para uma criança "travessa" esse cenário é até comum, a questão é que não tem como descrever a vida inteira de uma pessoa em um breve texto e os detalhes destas e de outras situações só as pessoas que têm **DDA** conseguem saber. Com toda esta ficha de infância, fiquei com alguns estigmas: "Ela não vai ser nada na vida se continuar assim...", "Ovelha negra da família", "Ihh! Essa aí eu não sei, viu..." e até de minha sexualidade duvidaram por gostar das coisas que os meninos gostavam por serem mais ativas.

Apesar de já adulta, ainda tenho muitas dessas características com "Rayovac", que trago desde a infância. Levei minha vida até o presente momento lidando constantemente com "rótulos" e apelidos engraçados. Já estou acostumada e sei lidar bem com eles por ser uma pessoa bem-humorada e entrar na brincadeira. Sempre me senti um pouco ou muito: doida, esperta, esquecida, diferente, insana e divertida. Quase todos que conheço me acham divertida, e me consideram uma boa amiga pelo que sou e me aceitam assim, mesmo não conseguindo me entender na maioria das vezes. Compreendo isso, já que nem eu mesma consigo me entender às vezes.

Descobri sobre o **DDA** por acaso. Vi que um "amigo virtual" tinha e, por ser curiosa, pesquisei do que se tratava. Li uma matéria de um site de medicina: "Distúrbio de Déficit de Atenção (**DDA**)", Extraído do livro: ***Transforme seu cérebro, transforme sua vida — de Daniel G. Amen***. E enquanto lia, praticamente via minha vida sendo descrita em cada linha daquele texto. Apesar de longo, li em poucos minutos (hiperfoco) e quando terminei minhas mãos estavam trêmulas e minha cabeça a mil por hora. Precisava ter certeza se tinha **DDA** ou não antes de tirar conclusões precipitadas.

Pesquisei mais a respeito do assunto, Marcus Deminco foi um grande amigo nesse processo, pois me esclareceu várias dúvidas, e me indicou um profissional muito ético — Dr. Paulo, a quem também devo muito, que, após consulta, me diagnosticou como **DDA** do tipo funcional, já que consigo trabalhar, estudar e conviver com as situações da vida, e por isso não preciso tomar *Ritalina* e/ou outros remédios.

É difícil para uma pessoa passar a vida toda sendo diferente, principalmente, considerando como a humanidade trata quem ou o que é diferente, e aos 23 anos de idade descobrir uma parte do que o faz ser assim tão diferente é chocante, mas ao mesmo tempo libertador. Penso que foi essa a sensação que tive e imagino que poderia ter vivido até meus últimos dias na terra sem nunca ter sabido que tinha **DDA** e que outras podem estar em conflitos piores do que os meus — já que tive muita sorte em saber lidar com as coisas ruins do **DDA** e aproveitar as coisas boas.

Contei para minha família, que não demonstrou muita surpresa, já que nunca fui muito normal. E muitos de meus amigos não acreditam ou não levam a sério o que digo a respeito do DDA e de eu ter. Quando o Marcus me falou que estava escrevendo este livro sobre DDA eu fiquei muito feliz, pois, sendo um livro de alguém que tem DDA, poderia passar uma "visão" igual — ou pelo menos semelhante — a de outras pessoas que também passam por estas mesmas situações.

Continuo a pesquisar a respeito e a trocar minhas experiências com outros que têm **DDA**. Com nossas situações divertidas, difíceis e inusitadas, mas, acima de tudo: com a certeza de que nossa vida nunca será simples, pois viemos para dar e ver um colorido especial a tudo, porque na verdade, a vida de uma pessoa que tem **DDA** está longe de ser normal, corriqueira e comum. E com estas trocas de experiências é que conseguimos nos entender melhor e aos outros para vivermos também melhor.

Gisele Reis, 24 anos, Administradora de Tecnologia Da Informação (TI). Além de designer, coordenadora de projetos tecnológicos, dançarina, conselheira, assistente comercial e outras coisas mais... Como quase todo bom **DDA** que tem várias afinidades e habilidades.

O Eu DDA

Sempre me questionava se todos os outros também viviam com "os pensamentos a mil"; se não paravam de pensar em momento algum; se faziam associações a todo o momento com qualquer coisa; se tinham mudanças de humor e emoções o tempo todo; se sempre viviam "no mundo da lua". Comecei a entender os meus questionamentos aos 18 anos, quando soube ser **DDA** e fui vendo que o modo com que agia e vivia era tudo "normal" para um ser **DDA**.

É maravilhosa a cascata de emoções que se sente; a mudança drástica e veloz de humor; a quantidade incontável de pensamentos e ideias que passa na velocidade da luz pela mente; a criatividade inexplicável que "aparece do nada" e toma conta do seu ser; o amar apaixonada e loucamente.

É horrível o medo de não dar certo; a insegurança; ter consciência de que se esqueceu de algo, mas não saber do que; sentir-se um imprestável, um inútil, um excluído que não se encaixa na sociedade com suas regras rígidas; desconfiar que seus amigos não te consideram o tanto você o considera.

Amar de modo tão intenso que a todo o momento deseja-se dizer a pessoa amada o que sente por ela; sempre comprar algo que o lembre da pessoa amada, algum momento vivido, algum comentário escutado, ou meramente alguma associação "maluca" que só você mesmo entende; pensar ter achado a pessoa ideal e perfeita para você, aquela para ficar junto até o fim.

Amar de modo tão simples e banal que se esquece daquele jantar agendado há dias; que cumprimenta a pessoa amada de um modo tão frio que gera a impressão de não mais a amar; que não da atenção nos momentos que o companheiro precisa falar.

A impulsividade de querer fazer algo pra ontem; sem fazer uma pausa para mensurar a real importância do fato. Porém quantas e quantas vezes no meio daquela "urgência" se lembrar de outra coisa importantíssima, muito mais urgente que a que se está fazendo, mas no longo caminho que leva ao local onde se realizará o ultimo afazer, a mente incansável nos desvia para outra porta, a fim de realizar outra coisa.

Deitar-se na cama e muitas vezes tentar procurar um botão de "Stand By", um botão para desligar a mente, para parar de pensar e deixar o sono assumir. A agonia, pois na correria do dia a dia quando se consegue um pequeno tempo na hora do almoço para relaxar, a mente não acompanha o corpo, não para. E quando se está conseguindo engatar o sono, o despertador toca.

Para mim as "viagens mentais" são as características que mais alteram o meu modo de ser e agir. Como por exemplo, ao ver uma caneta vermelha lembrar-se de uma pessoa, do perfume que usava, de conversas completas que tivemos em sua casa, no sofá confortável de sua sala. E do sofá surgir uma recordação do passeio com pelas lojas do shopping, a procura de móveis novos para casa. E do shopping recordar-se daquele filme que assistiu depois de ter ido mal em uma prova. E daí por diante, até chegar o momento que se percebe o longo tempo que se perdeu nos devaneios. Também pode ser perigoso já que muitas vezes no transito se concentra num determinado objeto e por alguns instantes perder a atenção nos carros.

Ser **DDA** é viver no extremo. Ou tudo ou nada. Não parar de usar a mente a ponto de gerar a exaustão desta, em que a única coisa que se precisa é descanso. Não consigo imaginar minha vida de outra maneira. Está certo que em muitos aspectos temos que ficar sempre nos controlando para não cometermos deslizes. Sou feliz sendo **DDA** e acho que não teria graça se deixasse de ser.

Por Filipe Ramo Barra

Meu nome é Flavia, e meu filho Felipe de 9 anos tem DDA

Com dois anos ou até menos, Felipe fazia travessuras que pareciam engraçadas e ao mesmo tempo estranhas para idade dele. Ele era alegre, tinha e tem até hoje um sorriso "iluminado". Aos quatro anos entrou para escola e, em menos de dois meses, tive que tirá-lo por estar sempre machucado e ninguém me explicar o porquê. Coloquei-o em outra escola. Foram dois anos achando que a mesma era ruim, incapaz de lidar com crianças mais "ativas", até que novamente o tirei. Fomos então para terceira escola, onde ele permaneceu por mais dois anos. A essa altura, me sentia constrangida de ir a escola duas vezes, pelo menos, por semana, para falar com professores e diretores sobre o comportamento dele. Avoado, agressivo, bagunceiro, o que me desesperava, porque esse não era o meu filho. O meu Felipe era e é um menino feliz, de bem com a vida, radiante, e irresistivelmente charmoso.

Eu evitava saltar do carro no sinal de entrada da escola, porque teria que ouvir cochichos e ver olhares direcionados ao meu filho, de forma agressiva, vindo dos pais das crianças. Mais uma escola que não sabia como lidar com o problema. O engraçado nessa escola é que ele levou mais de quinze advertências e achava divertido, chegava feliz em casa, doido para mostrar, porque, mesmo diante de tudo que ele passava, o humor e alegria eram sempre constantes.

No colégio seguinte, passei todos os problemas do meu filho, abri meu coração com o psicólogo da instituição, que se mostrou super-receptivo (até então, nem imagina que ele seria **DDA**), que nenhuma criança era discriminada. No primeiro momento me senti bem, mas com o passar do tempo, vi meu filho se abatendo, caindo às vezes em choro, a autoestima lá embaixo. Comecei a observar mais e descobri a escola fazendo horrores. Ao invés de ajudá-lo, eles o tiravam da sala (tinha oito anos ainda cursando a 2ª série) e o levava para a aula do jardim de infância, onde seu primo de quatro anos estudava e diziam que se ele se comportava feito um bebê era lá que ele ia ficar. Foi tamanha a humilhação, que tive meu filho sem ânimo para nada por alguns dias, apenas tristeza. A Diretora e dona da escola dizia que ninguém gostava dele. Enfim, foram tantas coisas, que o vi fraquejando, sofrendo, sem amigos. Aquela alegria gostosa, tão moleca, estava sumindo... Não preciso dizer que, mais uma vez, no meio do ano, o tirei da escola e, óbvio, estou movendo processo contra a mesma.

Finalmente, depois dessa jornada, achei uma escola onde, mais uma vez, ainda receosa, abri meu coração. Aí sim, encontrei uma escola que o acolheu, quando ouvi pela primeira vez que meu filho poderia ser um **DDA**. Procurei ajuda, estudei o assunto e até hoje procuro novidades e informações.

Diagnosticado, hoje ele tem uma vida tranquila. Não vejo o **DDA** como um problema, vejo-o como uma luz, uma dádiva, algo que sendo descoberto no início, sendo bem tratado e acompanhado, proporciona muita paz ao **DDA** e à família. A compreensão fez com que eu me acalmasse e descobrisse o tamanho do tesouro que tenho. É difícil ainda em alguns momentos, mas vê-lo tranquilo é algo que me dá força e me ajuda a ter a calma e a paciência necessária para entender e me adaptar a essa vida tão "bagunçada".

Acredito que o **DDA** leva uma vida mais tranquila, sendo:

Cercado de amor, não mimos;

Cercado de cuidados, sem exageros;

Sendo ouvido, sempre;

Sendo compreendido diariamente;

Sendo prestativo, útil, sem ser posto de lado achando que com seu jeito afobado, as coisas vão cair, quebrar, bagunçar... O **DDA** é uma pessoa normal como todos, mas com uma LUZ que o torna especial, basta um sorriso para ver!!!

Por Flávia Maria Saldanha

Aprendi mais com meus filhos, do que ensinei.

Aos 27 anos eu tive a minha primeira filha. Uma bonequinha rosada, quieta, tranquila, meiga, dengosa, chamada Camila. A maternidade foi arrebatadora, um turbilhão de amor profundo, inexplicavelmente maior do que qualquer coisa que o ser humano pode um dia sonhar em sentir algo tão maravilhoso que logo quis outro filho.

Gabriel chegou apenas 9 anos depois de muita espera e pedidos a Deus para que eu engravidasse novamente. Não consigo colocar em palavras a explosão de felicidade que se apoderou de mim, de meu marido e de minha filha, que sempre me pedia um (a) irmão (ã). Mas a vida me pregou algumas peças... A Camila sempre foi tão silenciosa, organizada, metódica, introspectiva, tímida e arredia, que eu suspeitava ter ali alguma coisa errada. Uma mãe sente. E eu não estava enganada. Logo veio o diagnóstico de Síndrome de Asperger (para os leigos, o tipo mais brando dentre os Transtornos do Espectro Autista — TEA).

Mas nada nesse mundo me preparou para o dia a dia e me deixou tão desnorteada quanto criar um furacão de nome Gabriel. Antes, éramos uma família calma, silenciosa, serena. Logo as coisas estariam completamente diferentes e opostas... Eu percebi que eu estava "encrencada" quando numa tarde, coloquei o Gabriel para dormir. Estávamos apenas eu e ele em casa. Minha filha na escola e meu marido no trabalho. Ele tinha apenas 9 meses e meio. Sentei-me na sala e fiquei assistindo televisão.

De repente, ao olhar para o chão, lá estava ele, se arrastando, meio engatinhando aos meus pés. Gritei de susto! Meu primeiro pensamento foi que havia alguém mais em casa que o tirou do berço. Corri no quarto dele e fiquei chocada com o que vi. Ele havia colocado rente à grade do berço, o travesseirinho, em cima o palhacinho, em cima um ursinho de pelúcia e em cima um protetor de berço. Fez uma escada, subiu e dali se atirou. Caiu no chão (nada ouvi) e não chorou. E foi até a sala me encontrar. Foi a primeira vez que eu tive a sensação que surpresas maiores me aguardavam. E novamente eu estava certa.

Andou aos 11 meses. Mexia em tudo, quebrava tudo, subia, descia, pulava, corria, gritava, se arrebentava, levantava do chão e continuava correndo. Quebrou ossos, dentes, arrancou unhas, era sempre remendado com pontos. Eu vivia no pronto-socorro. Ele estava sempre com hematomas de tanto que corria e se machucava. Eu ficava atrás, atenta, tentando protegê-lo, mas ele era mais ágil, mais rápido, mais desobediente e não me ouvia. Veio a ideia de colocá-lo num colégio (no maternal), pois ele contava com 2 anos e eu acreditava que ali ele queimaria sua energia e teria amiguinhos.

Vez ou outra eu aparecia de surpresa e via a turma dele sentadinha, enfileirada, ouvindo as instruções, as historinhas da professora... Mas... Cadê o Gabriel que nunca estava ali como os outros? Eu logo o avistava correndo pelo pátio, com a monitora desesperada atrás dele, voando de um lugar para outro. Não demorou muito e ele foi "convidado" a se retirar. Não estavam preparados para tamanha energia. Resolvi colocá-lo na natação. O professor pediu desculpas e confessou não dar conta... Então vamos para o futebol. Ele prestava atenção nas formigas, nas borboletas, nas nuvens do céu, menos na bola e ninguém o queria em seu time, pois não tinha a menor ideia do que estava fazendo ali, uma vez que durante as explicações do treinador, ele estava disperso, correndo pelo gramado. Para alívio de todos, eu resolvi tirá-lo de lá. Vamos tentar então o *Taekwondo*. Disciplina, regras, um professor rigoroso e determinado... Pediu clemência dois meses depois.

O Gabriel tumultuava a aula demais, furava as filas, não conseguia esperar e conversava o tempo todo. Bom... Ainda temos o tênis. As bolinhas voavam nas cabeças de todo mundo ali por perto. A raquete também adquiria asas e saía voando. Novamente furava filas, ria demais, falava demais, corria demais e jogava tênis de menos... Que tal o inglês? A escola era a mais comentada de São Paulo, preparada apenas para crianças. O preço de salgar qualquer bolso, mas eu queria tentar tudo para ocupá-lo, inseri-lo socialmente.

Gabriel sempre foi fascinado por vídeo game, celular, computador. Um dia um coleguinha do inglês resolveu levar um joguinho eletrônico e por infelicidade não permitiu que meu filho mexesse no brinquedo dele. Frustração não é uma coisa que ele sabia lidar bem... Em 5 minutos eu estava de volta na escola, vendo de longe os olhares de ódio profundo dos pais do menino, que teve os óculos quebrados no próprio nariz, com um chute que segundo o Gabriel, ele aprendeu num desenho... Novamente foi "convidado" a se retirar... Ele já estava com seus 8 anos.

Eu pulava de médico em médico. De terapia em terapia. Todos diziam a mesma coisa: **TDAH** com agravante em impulsividade e TOD — transtorno opositor desafiador. Eu dirigia meu carro com um tênis sendo arremessado na minha cabeça pelo Gabriel. Eu engolia meu almoço para não tirar os olhos dele um minuto. Eu fazia qualquer coisa correndo e aflita para voltar perto dele e vigiá-lo, com medo de que se machucasse. Eu ia ao banheiro com a porta aberta. Tomava banhos de minutinhos. Dormia com um olho aberto e outro fechado. Fiscalizava as coisas pontudas e de corte da casa. Lacrava com grades as janelas. Tirava os tapetes do chão para ele não tropeçar. Segurava a mão dele com muita força quando estávamos andando pela rua. Ele queria sempre se soltar e sair correndo. Ir ao supermercado com o Gabriel era pedir para me estressar. Ele abria os braços e passava pelas prateleiras derrubando tudo o que vinha pela frente. O que eu colocava no carrinho ele pegava e jogava longe. Ir ao cinema era perda de tempo. Ele não ficava sentado e falava alto o tempo todo.

Nos restaurantes, ele corria e por diversas vezes, derrubava as bandejas dos garçons com cabeçadas. Pegava batatinha frita e atirava nas pessoas que estavam sentadas ao nosso redor. Sair com ele era um suplício. Eu tentava o castigo, conversar, ignorar, ficar muito brava, prometer recompensas se o comportamento dele ficasse adequado, mas nada... Nada era cumprido, ele sequer me ouvia. A ÚNICA coisa que o deixava mais concentrado era o Metilfenidato que ele tomava e que foi uma benção em nossas vidas.

Uma vez ele próprio me disse que com a medicação ele conseguia ouvir o que as pessoas tinham a dizer, porque ele não parava um segundo para prestar atenção em nada... Ele ficou 7 anos num colégio e foram 7 anos difíceis. A coordenação, as professoras, a diretoria, os funcionários eram excelentes. Tinham tato, preparo, paciência e muita habilidade com meu filho, mas não foi bem assim com os coleguinhas e com as famílias deles. Eu era sempre apontada. Julgada. Condenada. A culpa era minha que não sabia educar aquele menino. Na hora do intervalo escolar, chegou-se ao ponto de meu filho ter um segurança para acompanhá-lo e vigiá-lo, uma vez que aprontava muito nesse curto período de tempo. Se eu contasse as lágrimas que derramei, as noites que varei, os momentos de desespero, de frustração, as brigas com Deus, com o mundo, as pessoas que eliminei de meu convívio porque não suportavam nem entendiam o Gabriel, o infinito seria pequeno demais para medir.

Nada havia me preparado para um filho tão hiperativo, tão cheio de energia, tão elétrico. Resolvi colocá-lo no judô. Novamente tempo e dinheiro perdido. Ninguém aguentava. Apesar de muitas vezes ter perdido a paciência (sou humana), eu defendia meu filho com unhas e dentes, porque sabia o que era o **TDAH** e tinha a real percepção de que ele não tinha culpa alguma por ser e agir assim. É um transtorno neurobiológico. É mais forte do que ele, mas bem menor do que meu incansável, ilimitado, imensurável e incondicional amor por ele.

A vontade de ajudá-lo me transformou numa outra pessoa. Fui estudar, pesquisar, devorava livros. Participei de mil congressos, palestras, seminários, reuniões, discussões, fóruns que debatiam sobre o **TDAH**. Ele continuava medicado, com psiquiatra, com terapia, mas mesmo assim, ainda era uma criança atípica. Ele chegava causando nos locais; no colégio só sabia fugir da sala de aula, era inquieto demais para ficar sentado por horas...

Aos 13 anos, cansado de tanto tentar ter amigos (por ser como era, acabava espantando esses "amigos"), um dia eu o peguei chorando. Ele me abraçou e me disse que jogava a toalha. Que ninguém o entendia e que não aguentava mais tentar fazer amizades. Que ninguém gostava dele. Deus sabe o que senti naquele momento. Chorei junto com ele, conversando calmamente e explicando a ele como era amado por todos nós. Sempre procurei elevar a sua autoestima, mas não teve jeito. Ele foi duro consigo mesmo e nunca mais quis ser amigo de ninguém. Para ele só amigos virtuais, isso ele tem muitos em jogos online, onde é uma fera e aprendeu rapidamente a ler e a escrever em inglês (melhor que em português).

Um dia resolvi que precisava fazer mais por ele e procurei por uma escola regular que tivesse uma sala especial e foi a melhor coisa que fiz. O próprio Gabriel me disse que finalmente tinha percebido que ele não era o "único" diferente, que existiam outros como ele. Relaxou, nunca mais sofreu *Bullying*. Continua odiando os estudos, dizendo que a escola nada mais é do que uma prisão, mas está mais adaptado, com colegas que o entendem e são parecidos com ele. Hoje ele está bem melhor, menos elétrico, mais centrado, mais controlado. É infantil para seus atuais 17 anos. Tem verdadeira obsessão pelo computador (hiperfoco) e seus conhecimentos ali são imensos.

É um rapaz lindo, amado ao extremo por mim, pelo pai, pela irmã. Não conseguiria jamais explicar esse amor arrebatador, que me alegra os dias, que ao vê-lo faz meu coração acelerar, que imediatamente me traz um sorriso no rosto. Ele e a Camila são a razão de minha vida. Um amor para toda a eternidade. Agradeço a Deus pelo privilégio de ter tido dois filhos especiais que me ensinaram a crescer como ser humano e a ser uma pessoa melhor. Abri uma Associação de Pais chamada *Inspirare*, com outras mães que também passaram por tudo isso. Aqui em São Paulo procuro acalentar os pais com orientações e apoio que eu não encontrei em lugar algum quando os meus filhos eram pequenos. Eu, por alguma razão que desconheço, fui escolhida duplamente e me sinto honrada com essa oportunidade.

Agradeço também ao Marcus Deminco pela chance de deixar aqui meu depoimento e poder dizer aos pais novatos e jovens que existe sim uma luz no fim do túnel. Que é preciso correr atrás de conhecimento, informação e ter muita, mas muita paciência, pois o resto apenas o amor resolve.

Simone Alli Chair, 52 anos — São Paulo/SP. Diretora-presidente da Associação de Pais Inspirare, Presidente do Instituto Canguru (doenças raras), formada em Serviço Social, defensora popular, militante na área da deficiência, mas acima de tudo e todo o mais, mãe de Camila, 25 anos com a Síndrome de Asperger, formada pela faculdade de design em animação e de Gabriel, 17 anos, cursando o último ano do 2º grau, com perspectivas de tentar a faculdade de design em games, sua paixão. Tem **TDAH**, com agravante em impulsividade, Transtorno Opositor-Desafiante (TOD), e recentemente também diagnosticado dentro do Espectro Autista. Em tratamento com um neurologista e um psiquiatra.

Da autoestima destruída aos Relacionamentos Instáveis: O TDAH Pode Destruir Uma Vida.

Sei muito bem pelo que passei e ainda passo até hoje. Nasci no ano de 1971 e sem o entendimento sobre o **TDAH** e os profissionais que naquele tempo não existiam (e são poucos até hoje) tive a minha vida toda prejudicada. Sem entender o porquê, de mesmo eu sendo tão inteligente em questões como criar e consertar coisa, pois só em observar o funcionamento das coisas sou capaz de desmontar e fazer funcionar novamente porque são situações que nós temos tempo de pensar, analisar o funcionamento e resolver o problema sem pressão, coisa que normalmente não acontece nas escolas. E assim eu cresci, com as pessoas sempre me elogiando por ser criativo, inteligente, etc.

Mas quando entrei na escola, a coisa foi muito diferente, eu só me destacava nas matérias de artes plásticas e desenho e sempre como o melhor da sala, mas em quase todas as outras matérias eu era péssimo, mas era péssimo não por não conseguir aprender, mas por demorar a entender e memorizar como os outros colegas que pegavam o assunto mais rápido, eu ficava triste e sempre perguntando a mim mesmo: "será que sou burro?".

Na sala de aula quando a professora perguntava: "quem não entendeu?" Eu ficava calado, pois vendo que todos os outros coleguinhas haviam aprendido eu ficava com vergonha e medo de ser chamado de burro, mas as minhas notas baixas, e a necessidade de colar dos colegas me denunciavam e era assim que eu acabava sendo visto.

Tenho a certeza de que se eu tivesse tido um ensino diferenciado, com pessoas que soubessem sobre o **TDAH**, as coisas seriam diferentes e eu não teria passado por tudo que passei, pois tendo o meu tempo de aprendizado respeitado e com uma metodologia diferenciada de ensino, eu teria muito mais sucesso na vida, pois teria aprendido tudo, mesmo com toda a minha falta de atenção e dificuldade em memorizar, pois no meu tempo sempre aprendo tudo, do contrário a consequência disso foi ficar com fobia por salas de aula e até em testes de emprego que até hoje me fazem suar frio.

Além de tudo, muitos são os medos que atingem um portador do TDHA. Sobretudo, ao que se refere a relacionamentos e futuros filhos... Ao menos, foi assim comigo, embora tenha lutado para esquecer, com a esperança de que um dia as coisas mudassem, mas infelizmente não foi bem assim que aconteceu. Cedo ou tarde você acaba percebendo que todos os seus temores estão se cumprindo aos poucos e do jeitinho que você sempre temia.

Imaginava ter filhos e na fase escolar eles te perguntarem sobre os assuntos pelos quais você nunca teve oportunidade em aprender como deveria, devido ao seu **TDAH**, sua esposa na incredulidade sobre o transtorno, não aceitando e ainda dizendo que não tem nada de errado com você, e se não bastasse, até a compra de um carro se tornando um problema angustiante, quando deveria ser motivo de felicidade, mas acaba não sendo, pois mesmo sendo bom motorista as dificuldades em memorizar caminhos e de entender com rapidez certos cruzamentos das ruas me faz temer ir a lugares longes, viajar com o carro então nem pensar! E assim, acabo somente usando o veiculo para ir a percursos já conhecidos.

Minha ex-esposa me cobrava nos pontos onde eu não poderia ir mais além, e por isso também criei uma quase fobia ao volante, simplesmente por medo de lugares novos e por fim, quanto você menos deseja que a coisa piore, vem o abandono, ela te diz que não dá mais, e o mais frustrante nisso tudo é saber que não teria sido assim se não tivesse o TDHA.

Por isso a grande necessidade do diagnostico precoce, pois atualmente eu iria procurar por uma parceira também com o mesmo transtorno, ou ao iniciar um relacionamento com uma pessoa sem o transtorno, iria explicar sobre o TDHA, mostrar matérias que falem no assunto e esperar que a parceira compreenda e aceite as minhas limitações, pois com a ajuda e não cobranças e criticas, podem fazer qualquer portador de TDHA superar todas as dificuldades que podem ter na vida.

Daniel Rêgo de Aguiar (Salvador/BA), 44 Anos, Segurança e formado em Auxiliar de ADM— Diagnosticado Com **TDAH** e Em Tratamento.